리더를 뛰어넘는 리더십

분산적 지도성

James P. Spillane 저
라연재 · 엄준용 · 정우진 · 최상민 공역

DISTRIDUTED LEADERSHIP

학지사

Distributed Leadership

by James P. Spillane

역 · 자 · 서 · 문

   지도성은 조직을 연구하는 학문분야에서 중요하게 다루고 있는 주제입니다. 따라서 다양한 이론들이 등장하며 끊임없이 연구되고 있는데, 최근에 주목받는 것이 분산적 지도성 이론입니다. 분산적 지도성 이론은 교육행정분야의 지도성 이론에 비해 비교적 짧은 역사를 가진 다소 새로운 이론이며 현재도 계속 개척되고 발전하고 있는 분야입니다. 분산적 관점으로 지도성을 연구하는 대표적 학자들 가운데 제임스 P. 스필란_{James P. Spillane}이 두각을 나타내고 있습니다. 분산적 지도성 이론의 선구자인 스필란의 *Distributed Leadership* 은 2006년에 처음 출간되었고, 이후 이 분야의 많은 연구자들에게 지속적으로 영향을 미치고 있습니다.

   분산적 지도성은 분산적 인지이론을 바탕으로 한 이론입니다. 따라서 분산적 인지에 대한 기본적인 지식을 갖추고 있다면 스필란의 이론을 이해하는 데 많은 도움이 될 것입니다. 과거 전통적 인지이론들은 인지가 사람의 두뇌 안에 머물러 있는 것으로 보았지만, 분산적 인지이론에서는 인지라는 것을 상황적 · 사회적으로 분산되어 있다고 주장합니다. 다시 말해, 인간의 인지작용은 두뇌뿐 아니라 사람들, 컴퓨터 자판, 메모지, 필기도구 등과 같은 도구와의 상호작용을 통해 이루어진다는 것입니다. 이러한 분산적 인지이론의 영향을 받아서 지도성 또한 한 개인의 특성이나 소유물이 아닌 조직의 구성원들과 안팎의 환경에 분산되어 있다는 관점을 갖고 출발하는 것이 분산적 지도성입니다.

독자분들은 '지도성 개발' 하면 '한 개인 안에 내재되어 있는 능력과 기술로서의 지도성 향상'이라는 의미로 이해하십니까? 이 책에서는 지도자 개인이 보유하고 있는 능력이나 특성을 지도성으로 보지 않고 지도자와 구성원, 그리고 이들이 사용하고 있는 도구와 상황들 사이의 상호작용이 지도성을 형성한다고 봅니다.

근 10년 동안 지도성 이론에서 트렌드처럼 여겨진 변혁적 지도성 transformation leadership과 스필란의 분산적 지도성을 잠시 비교해 보겠습니다. 변혁적 지도성은 간단히 말해서 "지도성은 거래적인 것보다 변혁적인 것이 바람직하다."라고 주장하는 것입니다. 그렇다고 스필란이 "지도성은 분산적일수록 바람직하다."라고 말하는 것이 아닙니다. 그에 따르면, 모든 지도성은 그 본질상 분산적이라는 것입니다. 지도성은 그 성격이 거래적이든지, 변혁적이든지, 협동적이든지, 어떠하든지 간에, 이미 그 본질상 상황적·사회적으로 분산되어 있기 때문입니다. 따라서 분산적 지도성 이론은 '분산적인 지도성'과 '분산적이지 않은 지도성'을 비교해서 어느 쪽이 더 조직의 효과성을 가져오는가에 관한 문제가 아닙니다. 분산적 지도성은 지도성에 대한 '관점'으로 이해하는 것이 더 타당할 수 있습니다. 스필란은 가치 규범적인 규정을 말하고 있는 것이 아니라 지도성의 본질을 파악할 수 있는 관점을 갖고 있습니다. 역자들은 이러한 스필란의 관점을 높이 사고 있습니다. 더불어 이 책의 좋은 점은 조직 내 다양한 종류의 정례업무들routines과 지도자, 구성원, 상황의 상호작용 등의 실제에 대해 상세히 설명하면서 실제적인 예시들을 각 장마다 보여 주고 있다는 것입니다. 이를 통해 지도성에 대한 사례 분석을 할 때 실질적인 지침들을 제공하고 있습니다.

　이 책을 번역함에 있어서 1장은 라연재, 2장은 엄준용, 3장은 정우진, 4장은 최상민이 맡았고, 전반적인 용어 규정과 번역의 방향은 라연재가 책임을 맡았습니다. 번역진들은 이 책이 번역판으로 출간되기까지 지속적인 의사소통을 통해 최대한 원어의 의미를 제대로 전달할 수 있는 용어를 선택하기 위해 신중을 기하였습니다. 우리말로 제시하는 데 있어서 배경지식, 그리고 한국의 상황과 미국의 상황을 비교하고 독자들의 이해를 돕기 위해 역자의 각주를 별도로 첨가하였습니다. 또한 설명만으로 부족하다고 생각되는 부분은 그림을 첨부하였습니다. 그러나 앞으로 이 분야에 대한 국내 학자들의 지속적인 교류를 통해서 용어들이 적절히 규정되기를 바랍니다. 또한 독자들의 이해를 한층 돕기 위해서 [주요 용어 해설]과 각 장 뒤에 [요약]을 실었습니다. 이 두 부분은 원서에 없는 부분으로, 역자들의 생각을 담은 것임을 밝혀 둡니다. 이 책을 번역 출간하는 과정에 도움을 주신 분들이 있습니다. 양성관 교수님은 용어상의 의견들을 제시함으로써 도움을 주셨습니다. 그리고 오늘의 역자들이 있기까지 늘 애정 어린 지도를 아끼지 않으신 김형관, 신현석 교수님께 진심으로 감사드립니다. 또한 함께해 주신 학지사 사장님과 직원 여러분께 감사드립니다. 이 번역서를 통해 지도성 분야를 공부하는 많은 학도들에게 도움이 되기를 바라며, 더불어 지도성 연구가 한 걸음 더 진보할 수 있는 계기가 되기를 바랍니다.

2010년 5월

번역자 일동

1) Distributed Leadership → 분산적 지도성: 분산적 지도성의 중심
   적인 개념은 지도성이 지도자 개인의 역량이나 기능 안에 머물러
   있는 것이 아니라, 지도자와 그 조직의 구성원들, 그리고 상황이
   라는 세 요소 간의 상호작용에 걸쳐 있다는 것이다. 이것을 지도
   성은 '사회적・상황적으로 분산되어 있다.'고 표현하기도 한다.

2) Leader-Plus aspects → 지도자 범위확대 측면: 여러 지도자들이
   지도성을 공유하고 있는 것으로 분산적 지도성을 이해하는 관점
   이다. 이 내용은 2장에서 다루고 있다. 그러나 저자는 이러한 관
   점은 분산적 관점의 일부분만 이해한 불충분한 관점이라고 비판
   하면서, 분산적 관점을 제대로 이해하려면 '지도성 실행'을 알아
   야 한다고 주장한다.

---

* 여기의 내용은 원서에 나오는 것이 아니라, 역자들이 판단하기에 주요한 용어들과 한
국어로 옮기는 과정에서 독자의 이해가 필요한 부분들을 설명한 것이다.

3) Leadership Practice → 지도성 실행: 기존의 많은 지도성 이론들은 지도성을 개인의 특성, 역량, 역할로 보는 경우가 많았다. 그러나 이 책에서 스필란이 끊임없이 강조하는 지도성은 '실행practice'으로 이해된다는 것이다. 지도성을 지도자 역량이 아니라 실행으로 보면, 스필란이 주장하는 '지도성은 지도자와 구성원과 상황의 상호작용으로 발휘되는 것'이라는 점에 더 쉽게 다가갈 수 있다. Practice를 번역함에 있어서, 역자들은 '실제實際로 행해지고 있는 상태'라는 뜻의 '실행實行'이 저자의 practice라는 용어와 가장 가까운 것으로 판단하였다. 책의 어떤 부분에서는 '사실의 경우나 형편'이라는 정황을 묘사하는 말로서의 실제實際라는 의미에 더 가까운 경우도 있으나, 지도성을 구성하는 요소들이 상호작용으로 움직이며 일하고 있는 동적인 어감을 살리기 위하여 '실행實行'이 더 적절한 것으로 보인다. 지도성 실행에 대한 것은 3장에서 다룬다.

4) Followers → 구성원: Follower라는 용어는 추종자追從者라는 뜻을 기본적으로 갖고 있으나, 이 책에서는 보다 포괄적으로 조직의 구성원들을 지칭한다. 지도자가 조직의 목표 달성을 위해서 계획했거나 이끌고 있는 의사결정, 진단/평가, 학습, 사귐을 위한 모임과 프로그램에 참여하고 있는 사람들을 뜻하는 것이다. 만약 구성원이 지도자의 지침을 열성적으로 지지하고 신봉하지 않더라도, 이러한 업무에 참여하고 있다면 이 책에서는 여전히 follower라고 지칭하고 있다.

5) Tools → 도구: 저자는 도구가 단순히 지도성을 발휘하기 위한 보조물이 아니라, 지도성의 핵심요소라고 주장한다. 저자가 사용하는 정의에 따르면, 도구란 실행에서 사람들이 사용하는 아이디어가 구체적으로 구현된 것(Tools are externalized representations of idea that are used by people in their practice)(Norman, 1988; Wertsch, 1998)으로, 구체적인 예로는 학생들의 시험성적 데이터, 교사평가를 위한 관찰에 쓰이는 프로토콜, 수업계획안, 그리고 학생들의 학업수행 자료 등을 들고 있다. 실상, 인간은 목적을 위해서 늘 도구를 사용한다. 저자는 이를 "지도자는…… 세상에 대해서 직접 일하지 않는다."(do not work directly on the world)라는 표현을 쓰고 있다. 누군가 말만으로 목표를 이루고 현실을 빚어 낸다면, 그것은 초자연적인 일이다. 인간이 조직의 목표를 이루고자 지도성을 발휘할 때는 어떤 규칙, 자료, 정보, 프로그램과 같은 도구들을 통해서 가능하다.

6) Routines → 정례업무: 이 용어에 대한 정의는 '두 사람 이상이 관여하는 상호 의존적인 행위로서 그 패턴이 반복적이며 인식 가능한 것'인데, 이 책에서의 자세한 쓰임을 보다 구체적으로 살펴보면, '한 조직의 사람들이 정기적으로 혹은 반복적으로 만나서 의사결정하거나, 배우거나, 진단 또는 평가하거나, 교제하는 절차 혹은 기구機構들'을 의미하고 있다. 예를 들어, 교사들의 전문성 개발을 위해 매달 한 번씩 모이는 교사회의가 그 예다. 이 책에서 아담스 학교Adams School에서 실시한 '조찬회의Breakfast Club'

가 자주 등장한다. 조찬회의는 아담스 학교에 새로 부임한 교장이 교사들의 교수능력을 향상시키려는 노력에서 만든 정기적인 모임이다. 교장은 아침식사를 제공하면서 교사들이 자발적으로 참여하게 만들었고, 교사들은 그곳에서 새로운 학습법을 배우기도 하고 자신들의 노하우를 나눌 수 있는 기회로 삼았다. 조찬회의는 이 학교의 개혁을 이끌게 한 지도적인 정례기구로 자리 잡았다.

한편 Routine은 때로 관습으로 굳어져서 지루한 의미도 갖고 있지만, 실제 삶에서 에너지를 비축하고 효율적으로 사용하는 데 중요한 역할을 한다. 사람들은 처음 찾아가는 길에서 긴장하고, 지나가는 사람에게 묻기도 하고, 지도를 보기도 하며, 오가는 길의 지형 지물을 기억해 두려고 애를 쓴다. 그러나 그 길이 등굣길 혹은 출퇴근길이 되어 반복된다면, 이러한 의식적 노력과 에너지 소비 없이 편하게 다닐 수 있고, 그 길을 걸으면서 (목적지까지 어떻게 가야 하는지에 대한 고민 외에) 다른 생각을 하기도 하고, 라디오나 mp3를 들으며 길을 걷기도 한다. 조직에서도 마찬가지다. 조직활동을 하는 데 업무처리에 대한 정형화된 절차節次나 기구機構가 없다면 조직의 효율성은 기대하기 어려워진다. 업무가 정형화되어 반복적으로 될 때, 에너지를 비축하여 더 창조적인 일도 추구할 수 있다. Routine의 속성상 현상유지를 추구하게 되는데, 새로운 routine으로 바꾸어야 할 필요가 생겼을 때, 기존의 routine은 걸림돌이 되기 쉽다. 왜냐하면 익숙한 절차, 자신의 몸에 익혀진 관행을 버린다는 것은 사람들에게 스트레스나 불안감을 줄 수 있기 때문이다. 따라서 한 조직을 개혁한다는 것은 어떻게 적절하면서 필요한 routine들을 세우고 유지하는가에 달려 있는 것이다. 지도자들이 자신의 조직에 변혁을 가져오고 싶을 때, 새로운 인물을 도입하거나, 다른 위치에 두거나, 새로운 지위를 부여하거나, 새로운 상벌 제도를 세우기도 하지만 routine의 변화도 매우 중요한 요소다.

7) Situations → 상황: 이 책에서 상황이란 '도구tools'와 '정례업무routines'를 포함한 개념이다. 다시 말해 '사람' 이외의 지도성 실행을 형성하는 상호작용에 포함되는 것들을 통칭한다. 즉, 사람들 사이에서 지도성을 발휘하는 데 매개체가 되는 것들을 의미한다고 볼 수 있다. 분산적 지도성의 이론적 뿌리가 분산적 인지이론distributed cognition이기 때문에 상황이라는 용어도 일반적인 의미와 조금 다를 수 있다. 저자 스필란은 지도성 실행을 본문에서 두 사람의 춤 동작에 비유했다. 보통 볼룸댄스에서 남자가 이끌고 여자는 남자의 스텝에 보조를 맞추는데, 이 두 사람의 조화로운 스텝과 더불어 춤을 완성시키는 것은 '음악'이라고 설명한다. 그리고 이 음악이 저자가 말하는 지도성 행위의 3요인 중 하나인 '상황'에 해당하는 비유다. 다시 말하면, 보통 '춤을 추는 상황'이라고 말할 때 '춤을 추는 이유 혹은 춤을 출 때의 관객들의 분위기 혹은 환경'으로 생각하는 경우가 많지, '음악'을 연상하는 경우는 거의 없을 것이다. 즉, 이미 독자들은 '음악'을 춤의 일부라고 생

각하지, 춤의 상황이라고 생각하지 않는다는 뜻이다. 이런 측면에서, 이 책에서 말하는 상황이란 지도자와 구성원 사이에서 지도성이 발휘되도록 만드는 '매개체'를 의미한다. 따라서 이 책에서 뜻하는 '상황'이란 용어가 지도성 실행에 직접적으로 개입되어 지도자와 구성원들을 매개하고 있는 절차, 기구, 도구들을 중점적으로 다루고 있다. 저자도 상황이 조직의 구조나 문화를 포괄할 수 있는 개념이지만 이 영역은 이 책의 주제에서 벗어나는 것이라고 한정하고 있다.

8) Leadership routines → 지도적 정례업무: 학교조직에는 많은 종류들의 반복되는 절차와 기구들이 있다. 예를 들어, 학교 버스를 운영할 때 같은 시간대에 같은 순서로 학생들을 싣는 차가 떠나기도 하고 도착하기도 한다. 학교의 비품들을 살 때도 그 담당자가 일정한 절차를 걸쳐서 구입한다. 또는 교사들 가운데 요리에 관심 있는 사람들끼리 같은 취미를 위해서 정기적으로 만나는 모임도 가질 수 있다. 이렇게 많은 종류의 routines가운데에서도 학생들의 학력과 수업의 질을 향상시키기 위해서 지도자들이 중요하게 생각하는 핵심적 업무들이 있다. 저자는 학교의 지도자들이 학교의 목표 혹은 학교개혁을 위해서 교직원들을 참여하게 하고 이끌어 가는 핵심적이며 지도적인 역할을 하는 절차나 기구를 leadership routines라고 지칭한다. 이 번역서에서는 이 용어를 지도적 정례업무로 표현하고 있다.

9) Teacher leader → 교사 지도자: 이 용어에 대해서는 미국의 학

교 관련 문헌에서도 명확히 일치된 정의를 찾아보기 힘들다. 다만 통념적으로 학교개혁을 위해 동료인 타 교사들을 이끌어 가는 사람들이라고 여겨진다. 이것은 교장 혹은 교감처럼 법률적으로나 행정적으로 사용되는 용어라고 보기가 어렵다. 예를 들어, 일레인 K. 맥이완(Elaine K. McEwan)의 『효과적 수업지도성에 이르는 7단계(7steps to effective instruction leadership)』(2002, 국내 미발간)라는 책에서는 다음과 같은 역할을 하는 교사들을 teacher leader라고 규정할 수 있다고 주장했다. i) 신입교사들의 멘토 혹은 코치가 되어 주는 역할, ii) 개인의 소속이나 선호에 관계없이 모든 교직원들과 협력하는 역할, iii) 학교와 교실에 새로운 방안을 가져오는 역할 등. Teacher Leader를 번역하는 과정에서 '교사 지도자' '부장교사' 중에 어느 것이 적합할지 공역자들 사이에 논의가 많았다. 결론적으로 '교사 지도자'라는 용어를 선택하기로 하였는데, 그 이유는 다음과 같다. 한국에서의 '부장교사'는 1970년대부터 교육부의 법령에 따라서 만들어진 학교 행정체계의 공식적인 지위다. 시·도 교육청에 따라서 다르지만, 대개 교무부장, 연구부장, 학생부장 등의 명칭으로 각각의 자신의 수업과 그 이외의 기타의 일들을 맡고 있다. 반면 이 책에서 teacher leaders라는 것은 법률이 정하는 것이 아니라, 같은 교과 교사들 가운데 자발적으로 혹은 추천을 받아서, 특히 교과별 교사교육 및 교재개발을 선두에서 지휘하는 역할을 뜻하므로 원어 그대로 '교사지도자'가 의미 전달에 더 타당하다고 보았다.

참고로, 이 번역서에서 head teacher는 '학교 대표', master teacher는 '수석교사'로 사용하고 있다. Head teacher는 유럽국가 등에서 교장principal이란 용어와 유사한 의미로 쓰이고 있다.

감 • 사 • 의 • 글

　제가 단독 저자이긴 하지만, 저 혼자만의 힘으로 이 책이 나온 것이 아니라 여러 사람의 노력이 담겨져 있습니다. 책의 한 장 한 장 모두 여러 사람들의 손길과 생각에서 얻은 것을 바탕으로 작성된 것입니다. 특별히 학교를 개방하여 우리 연구 팀이 회의에 참석하고, 교실을 참관하면서, 5년이라는 기간이 넘도록 머물 수 있게 허가해 주신 교사들과 학교 지도자들에게 특별히 감사드립니다. 그분들의 배려에 대한 감사로서, 〈분산적 지도성 연구〉의 첫 번째 책은 지도성 실행에 관한 것입니다. 또한 노스웨스턴 대학의 박사 후 연구원, 대학원생, 그리고 학부생으로 구성된 우수한 학제 간 연구 팀의 도움이 없었다면 이 연구는 가능하지 않았을 것입니다. 특별히 우리 〈분산적 지도성 연구〉 프로젝트의 디렉터로서 수고해 준 John Diamond에게 감사를 표합니다. 그리고 Patricia Burch, Lawrence Brenninkmeyer, Fred Brown, Loyiso Jita, Richard Halverson, Jennifer Sherer, Amy Coldren, Tim Hallett, Tondra Loder, Antonia Randolph에게도 감사를 표합니다. 이 책은 또한 국립과

15

학재단과 스펜서 재단의 〈분산적 지도성 연구〉에 대한 재정적 지원으로 가능했습니다. 연구에 대한 지속적인 지원과 도전적인 질문으로 연구에 도움을 주신 국립과학재단의 Jim Dietz와 Elizabeth Vanderputten에게 감사드립니다. 노스웨스턴 대학의 교육사회정책대학과 정책연구소 역시 프로젝트를 위해 폭넓은 지원을 해 주었습니다. 이들은 나의 동료들로서, 우리 연구 팀에 소중한 비평을 아끼지 않았습니다.

또한 제가 뉴질랜드에 방문하여 이 책에 대해서 구상할 수 있도록 지원한 뉴질랜드 풀브라이트 위원회에 또한 감사드립니다. 저는 벨라지오에서의 컨퍼런스를 지원해 주신 록펠러 재단에도 감사의 빚을 졌습니다. 그곳에서 저는 대단한 학자분들과 함께 이 연구에 대해 토론하고 그분들로부터 피드백을 받을 수 있었습니다. 그리고 카네기 그룹(Grant # B 7615)에서는 이 연구의 윤곽에 대한 대화에서 실무자들과 접촉할 수 있도록 도움을 주셨습니다. 영국의 학교 지도성 국립대학에서는 ILERN 네트워크를 포함한 학교 지도성에 대해 수많은 대화의 기회를 제공해 주셨습니다.

지난 십여 년간 분산적 지도성에 대한 제 생각에 대해 도움을 주신 분들의 이름을 여기에서 일일이 언급하기에는 너무나 많습니다. 먼저 이 책의 초고나 그 일부분에 대해 귀한 시간을 내어 읽고, 가치 있는 피드백을 제공해 주신 분들께 감사드리고 싶습니다. 이 원고는 Paul Cobb, David Cohen, Larry Cuban, Peter Gronn, Alma Harris, Fred Hess, Barton Hirsch, Gabrielle Lacomski, Ben

Levin, Cecil Miskel, Enrique Orlina, Andrew Ortony, Camille Rutherford의 사려 깊은 비평으로부터 엄청난 도움을 받았습니다. 특히 Andy Hargreaves에게 정말 감사의 빚을 많이 졌습니다. 여러 수정본(버전)에 대한 주의 깊고 예리한 피드백을 통해서 제 사고를 확장시키고 저술을 추진력 있게 밀고 나갈 수 있도록 도움을 주었습니다. 편집, 그림, 참고문헌 등에 대해 인내심을 가지고 도움을 준 Aditi Mohan, Marilyn Sherman, 그리고 Mark Swindle에게 감사를 표합니다.

가장 가까이에서 언제나 함께해 주는 나의 가족은 언제나 흔들림 없는 사랑과 지원을 아끼지 않았습니다. 가족에게 정말 큰 사랑을 받고 있습니다. 마지막으로, 나의 파트너 Richard Czuba의 동료애와 지원이 없었다면 이 책은 절대 완성되지 못했을 것입니다. 그는 이 작업에 대해 매서운 비평을 제공해 왔고, 저술작업에서 오는 모든 골칫거리를 참아 내며, 기품과 인내심을 가지고 이 모든 작업들을 해 왔습니다.

물론, 이 모든 개인들과 단체들 중 누구도 이 책의 내용에 대해서는 아무런 책임이 없습니다. 그 모든 책임은 제게만 있습니다.

J.P.S.

제4장 지도성 실행에 대한 분산적 관점 ● 163

지도성이란 과연 무엇인가
The Nature of the Beast

1. 도 입

시카고 남쪽에 있는 아담스 학교Adams School는 성공적인 학교개
혁의 사례로 뽑힌다. 이 학교는 학생의 대다수가 저소득층 가정에
속하고, 1980년대 후반에 겨우 16%의 학생들만이 표준화된 읽기
평가standardized tests in reading에서 국가평균 이상의 점수를 내었을 정
도로, 학업성취가 매우 저조한 곳이었다. 이로부터 10여 년 후 이 학
교 학생들의 성적과 출석률은 놀라울 정도로 향상되었고, 학교의 명
성도 높아지면서 교사들이 일하고 싶은 곳이 되었다.

이 학교의 교사 및 행정가들은 이 모든 변화가 1988년에 브렌다
윌리엄스Brenda Williams가 교장으로 취임한 이후 시작되었다고 생각

했다. 한 교감은 아주 선명하게 그때를 기억하며 말했다. "윌리엄스 교장이 왔던 첫날은 아직도 생생하죠. 회의 시간에 우리 학교가 어떤 목표를 가져야 하는지, 특히 학생들의 학업 향상을 중요한 목표로 삼아야 한다고 말했어요. 그리고 우리 교사들에게 도전적인 목표들을 제시해 주었지요." 아프리카계 미국인 여성이었던 윌리엄스 교장은 1990년대에 교수학습의 여건 향상을 위해서 헌신적으로 일했다. 그 지역의 논평가, 학자, 그리고 교사들은 아담스 학교를 이야기할 때마다 윌리엄스 교장의 기여를 높이 평가하고 있었다.

2. 영웅적 지도성 이론의 함정

아담스 학교의 성공담은 교육학 분야의 독자들이라면 어디선가 들어본 듯한 이야기일 것이다. 이렇게 익숙한 영웅담의 레퍼토리는 다음과 같다. 학교개혁에서 거듭 실패하던 학교에 카리스마를 가진 교장이 부임함으로써 학생과 교사에게 새로운 목표와 기대를 설정해 주고, 학교조직의 정례업무routines와 구조를 개선시키는 등 학교문화를 새롭게 하는 데 집중시킨다. 시간이 지나면서 교사들은 교장이 하는 일에 대해서 점차 만족하게 되고, 학생들의 학습에 대한 높은 기대를 공유하게 되면서 학업성취가 향상된다. 교사들의 직무만족도와 학생들의 학업성취에 대한 기대가 높아지면서 성공의 조짐들이 보이기 시작한다.

윌리엄스 교장 같은 행정가들은 교육계에서 마땅히 칭송받아야 할 것이다. 그리고 이러한 영웅적인 면모는 '성공적인' 학교 지도성에 대한 본보기가 될 수 있다. 이러한 영웅의 이야기는 전문적 연구물뿐 아니라 대중매체, 대중적인 전승, 때로는 다큐멘터리와 영화에서도 다루어지곤 하지만, '영웅적 지도성' 장르 혹은 '전형적인 영웅적 지도자이론'(Yukl, 1999, p. 292)에서는 카리스마적인 지도자들과 그들의 용감한 행위에 집중되고 다른 사람들이나 나머지 요소들은 주변적인 것 혹은 그들을 보조하는 역할에 불과하다. 설령 지도자 이외의 여러 사람들이 중요한 역할을 하였더라도 초점의 중심은 각 개인의 영웅적인 행동이며, 한 사람만이 지도성을 발휘한 것으로 묘사하고 있다. 한 개인의 노력으로 변화를 창출한다는 개인주의적 신화는 쉽게 깨어지기 어렵다. 두세 사람의 보조적 역할이 기여한 점에 대해서 인정한다고 할지라도 한 사람의 영웅주의를 극복하는 것은 쉬운 일이 아니다.

3. 지도성에 대한 분산적 관점: 주요 요소

지도성에 대한 분산적 관점은 조직에서 한두 지도자의 용감한 행동만을 중시하는 이론들에 대안을 제시한다. 이 책의 중심적인 질문은 '학교 지도성에 대해서 분산적 관점을 취한다는 것이 어떠한 의미를 가지는가?'다. 분산적 지도성 이론은 학교 지도성에 대한 영웅적 접근 방식에 벗어나고자 하는 것으로, 단순히 한 학교 안에 있는 모든 종류의 지도자들의 이야기를 모으는 것이 아니며, 더욱이 이들의 다양한 행위를 더하여 지도성에 대한 총체적인 면을 알아보자는 것도 아니다. 공식적인 위치에 있는 교장 이외의 여타 다른 지도자들을 살펴본다는 것은 분산적 관점에서 빙산의 일각일 뿐이다. 분산적 관점은 무엇보다 지도성 실행leadership practice에 관한 것이다([그림 1-1] 참조). 이 '실행practice'이라는 개념은 여기서 특정한 의미로 쓰이고 있다. 이것은 지도자leaders, 구성원followers, 도구tools, 정례업무를 포함한 상황situation 측면이 함께 상호작용해서 그 결과물로 나오는 것이다. 이러한 분산적 관점을 갖고 학교 지도성을 볼 때, 윌리엄스와 같은 영웅적 교장이나 다른 공식적·비공식적 지도자들에 초점을 맞추는 것이 아니라, 지도성 실행이 일어나게 하는 지도자들과 구성원들, 상황의 결합에 맞추어야 한다.

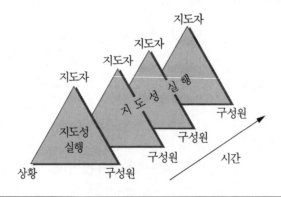

[그림 1]
분산적 관점에서 본 지도성 실행

분산적 지도성이란 지도성을 공유하는 것 이상의 의미를 담고 있다. 분산적 지도성을 논의할 때, 여러 명이 지도자의 책임을 나누는 것이라고 결론짓는 것은 미숙해 보인다. 즉, 학교 현장에서 한 명의 지도자 외에 여러 지도자가 있다는 것인데, 이러한 논지는 **지도자 범위확대 측면**leader-plus aspects에서 중요한 관점이긴 하나, 지도성 실행의 복잡성을 설명하기에는 불충분한 개념이다. 분산적 관점에서는 지도자들, 구성원들 그리고 상황 모두가 중요한 것이며 이 요소들 간의 총합적인 상호작용이 지도성 실행이라는 것이다. 지도성에서 상황이라는 것은 단순히 지도성 실행이 이루어지는 환경 혹은 맥락이 아니라, 그 자체가 지도성 실행의 주요한 요소라는 것이다. 상황에서 주요한 측면들—예를 들어, 아담스 학교의 조찬회의Breakfast Club나 5주단위평가Five-Week Assessment와 같은 정례업무, 혹은 학생 성적 데이터와 같은 도구—은 단순하게 학교 지도자들이 행하는 것에 대해서 영향을 미치는 것이 아니라, 지도자들이 행위의 효율성을 좌우하는 요소다. 정례업무와 도구는 지도성이 실행된 결과이기도 하지만, 지도성은 이러한 정례업무와 도구, 그리고 지도자들과 구성원들이 상호작용하여 발휘되기도 한다.

지도성에 관한 분산적 관점의 세 가지 주요한 요소들은 다음과 같다.

- 지도성 실행이 가장 중심적이며 기준점이 되는 개념이다.
- 지도성 실행은 지도자, 구성원 그리고 상황의 상호작용으로 비

롯되는 것이며, 각각의 요소들은 모두 필수적이다.

• 상황은 지도성 실행을 정의할 뿐 아니라 지도성 실행을 통해서 정의되는 것이다.

분산적 지도성 관점에서의 지도성은 영웅뿐 아니라 평범한 사람들까지, 그리고 몇몇 소수의 인물뿐 아니라 많은 사람들을 포함하고 있다. 이것은 지도성 실행에 관한 것이며, 단순히 역할이나 지위에 관련된 것이 아니다. 지도성 실행은 몇몇 영웅적 인물의 행위에 관한 것이 아니라 상호작용으로 보아야 한다.

4. 영웅적 지도성의 문제점

영웅적 지도성의 문제점은 네 가지 측면에서 볼 수 있다. 첫 번째, 영웅적 이야기는 대체로 교장들의 용감한 행위를 지도성의 전부인 것처럼 묘사하고 있다. 때로는 다른 지도자들이 부각되기도 하지만 이들은 조연일 뿐이다. 교장은 매우 중요한 지위이지만, 지도성이라는 것이 교장 한 사람에게 시작되어서 끝나는 것이 아니다.

두 번째, **지도성 실행**을 간과하는 경우가 많다(Hallinger & Heck, 1996). 지도성 실행을 간과하는 이론들은 사람, 구조, 기능, 정례업무, 역할을 따로 설명하고, 지도성에서 '어떻게$_{how}$'보다는 '무엇$_{what}$'에 초점을 맞추고 있다. 이러한 이론들은 정례업무와 기능이 어떻게 지도성을 형성하는지를 설명하는 데 미흡하다. 물론 지도자들이 '무엇'을 하고 있는지는 중요하지만, '어떻게' 지도성을 발휘하고 있는지 또한 매우 중요하다. 예를 들어서, 최근의 몇몇 연구에 따르면 학교 지도자들이 교사들 간의 협동적인 문화를 일궈 낼 때 (학교 개선에서 매우 중요한 조직 기능의 하나로서) 교사들이 함께 일할 수 있는 과제를 부여하는 것으로 나타났다(Guldring & Rallis, 1993; Liberman, Falk, & Alexander, 1994; Louis, Marks, & Kruse, 1996). 매일매일의 학교 업무 가운데 이러한 과제들이 '어떻게' 주어져야 하는지에 대한 지식은 어떤 전략이 어떤 기능을 발휘하는 데 도움이 되는가에 대한 지식만큼이나 중요한 것이다.

세 번째, 지도성 실행이 주목받지 못할 때, 한두 명의 지도자나 이들의 두드러진 행동만 부각된다. 개인의 행위에만 관심을 가지면 전체적인 상호작용의 중요성을 놓치게 된다.

네 번째, 영웅적 지도성 이론들을 보면 지도성은 결과물로만 정의되는 경우가 허다하다. 그러나 지도성은 결과물에 대한 증거 없이도 일어나는 것이기 때문에 이러한 관점은 문제가 될 수 있다.

1) 영웅적 지도성에 초점 맞추기

학교 지도성 이론들을 살펴보면 영웅적 지도성 사례들이 끊임없이 발표되고 있다. 교장이나 학교 대표head teacher는 대개 주연으로 등장하고, 교감이나 여타의 공식적인 지도자급 인물들은 조연으로 등장하기도 한다. 그러나 아담스 학교의 발전적인 면모를 묘사할 때 윌리엄스 교장 한 사람이 혼자 다 이루어 낸 것처럼 말하는 것은 적절하지 못하다. 그 외 다른 행정가, 전문가Specialists,[1] 그리고 교사들을 포함해서 수많은 종류의 정례업무와 도구가 아담스 학교를 개선시키는 데 동참한 것이기 때문이다.

윌리엄스 교장이 별 볼일 없는 인물이라고 말하는 것이 아니라, 분명 이 사람은 아담스 학교의 변화에 중심적인 인물임에 틀림없다. 그러나 어느 영웅담이나 그렇듯이, 공식적 및 비공식적 지위의 많은 사람들이 학교개혁을 위해서 수고하였고, 이것이 윌리엄스 교장이 무엇을 했고 어떻게 했는지를 좌우했다는 것이다. 윌리엄스 교장도 이를 인정하며, "나 스스로 이 모든 것을 할 수 없었습니다."라고 말하였다. 학교 안에 각 영역의 지도자들이 윌리엄스 교장을 도와서 학교의 변혁을 일으킨 것이다. 예를 들어, 학생훈육의 문제를 다룰 조력자를 고용하는 것은 중요한 사안이었기에 윌리엄스 교장은 "나 혼자서 매일매일 닥치는 학생훈육의 문제와 교육프로그램 개선의 문제를 동시에 다루는 것은 불가능했습니다."라고 말하였다. 한 교사도 이 점을 지적하였다. "윌리엄스 교장선생님으로부터 시작한 일이었지만……. 여기에는 교사들이 좋은 팀을 이루고 있었습니다. 만약에 그 사람들이 없었더라면, 지금의 우리 학교는 존재할 수 없

---

[1] 역자 주: 교사 이외의 전문 직원들을 의미한다. 미국학교에서는 진로상담가, 사회사업가, 언어치료사 등이 포함된다.

을 거예요. 또한 윗선에서 개혁의 필요성을 요구하지 않았더라면 우리 교사들도 그러한 분위기를 수용하기 어려웠을 것 같습니다." 윌리엄스 교장은 배의 키를 잡은 선장과 다름없었지만, 한 팀을 이룬 구성원들이 있었기 때문에 아담스 학교의 개혁이 성공한 것이다. 다시 말해, 여타의 행정가들과 교사들이 교육내용을 개선하고, 학교 문화와 학생들에 대한 기대를 변화시키는 데 적극적인 노력을 했기 때문에 가능하였다. 구성원 가운데 몇몇은 단순히 윌리엄스 교장의 명령대로 따르기도 했지만, 다른 이들은 학교조직의 문화의 변화와 개혁의 분위기에 따라 적극적으로 주도적 책임을 맡아서 개혁을 이끌기도 하였다. 윌리엄스 교장이 아담스 학교의 지도성에 대표적 인물이지만, 그가 혼자 해낸 것은 아니었다. 학교 지도성에서 교장으로서의 중요한 역할을 감안한다 하더라도, 지도성 실행이라는 것이 교장에게만 국한된 것이 아니라는 것을 인정할 때, 비로소 지도성은 한 개인의 노력이라기보다는 여러 요소들이 연관된 집합적인 것으로 이해할 수 있다.

영웅적 지도성의 문제점은 생각보다 쉽게 해결될 수 있다. 바로 여러 지도자들이 하고 있는 일을 살펴보는 것이다. 이 책에서는 이것을 '지도자 범위확대 접근leadership-plus approach'이라고 이름 지었다.

예를 들어, 아담스 학교에서 지난 10년 동안 윌리엄스 교장과 교사진은 다양한 조직의 기능들을 맡아서 일해 왔다. 수업에 관련된 비전 세우기, 교사의 지식 개발하기, 학습자료 조달하기, 전문적 교사 공동체professional community 조성하기 등이 예가 될 수 있다. 나아가, 윌리엄스 교장과 교사진은 아담스 학교에서 중심이 되는 조직의 기능을 제대로 발휘하기 위해 학교개혁을 이끄는 여러 정례업무와 구조를 조성하였다. 여기에는 학교발전계획서 수립과정School Improvement Planning Process, 조찬회의, 5주단위평가 등이 포함되었다. 조찬회의는 매달 한 번씩 교사들이 모여서 교사의 전문성을 개발하는 기회로 삼았는데, 시간이 지나면서 전문적 교사 공동체의 형성에 기여하였다. 지도자 범위확대의 접근은 이러한 정례업무와 구조가 지도성에서 주요한 역할을 한다고 인정하고 있다.

2) 지도성 실행에 대한 간과

몇 년 전 저자가 각 학교의 교장들을 상대로 한 강의에서 지도성의 기능들에 대해서 설명하고, 학교 개선을 위해서는 이러한 기능들이 교장 한 사람보다 더 중요한 것임을 강조하고 있을 때, 한 교장이 이렇게 물었다. "이미 다 알고 있는 내용입니다. 도대체 그것을 '어떻게' 하라는 말입니까?" 실질적으로 지도성이 어떻게 이루어지는 것을 아는 것은 매우 중요한 사항이다. 특히, 학교 지도자들이 사용할 수 있는 지식을 만들어 내기 위한 목적으로 연구를 수행하는 경우는 더욱 그러하다. '무엇을' 묘사하는 것은 필요한 일이지만, 지도성 실행을 이해하는 데는 불충분하기 때문이다.

지도성을 설명할 때 학교조직의 구조와 역할, 혹은 지도성의 기능에만 치중하는 경우가 종종 있다. 그 결과, 매일매일의 실행은 마치

조각조각 떨어져 나간 그림처럼 통합적으로 이해되기가 어려워진다. '어떻게'를 연구하는 것은 '무엇'을 연구하는 것과 마찬가지로 중요하다는 것을 강조하고 싶다.

3) 실행에 대한 부족한 이해

지도성 실행이 종종 개개인의 행위와 동일시되는 경우가 있다. 이런 연구물들에서 실행은 대부분 개개인의 행위를 통해서 파악된다. 따라서 얼마나 훌륭하게 일을 해내는가는 개인의 지식과 기술에 달려 있는 것으로 이해된다. 목수의 기술과 경험에 따라서 가구의 품질이 달라지기 마련이다. 그러나 이러한 관점에서는 목수의 도구들이 그다지 주목받지 못하는데, 의외로 몇몇 훌륭한 목수들은 도구에 따라 그 결과가 얼마나 달라지는지를 설명하곤 한다. 교수활동teaching, 지도성, 심리치료와 같은 인간 개발의 영역에서도 상황이라는 것은 중요하다. 왜냐하면 교사, 지도자, 심리치료사들은 여러 사람들과 함께 일하고, 이들의 의뢰인, 즉 학생, 구성원, 내담자들에게 어느 정도 의지하기 때문이다. 그러므로 수업개선을 위해 비전을 세우고, 사람들을 설득시키는 과정을 이해하는 데서 단순히 교장 한 사람의 행동에만 초점을 맞추는 것은 불충분하다. 예를 들어, 윌리엄스 교장, 교감, 문해교육 담당자literacy coordinator,[2] 교사

---

2) 역자 주: 미국학교에서 문해교육 담당자는 독해와 작문 능력의 향상을 위해서 프로

지도자들_{teacher leaders} 간의 상호작용과, 각 지도자들과 구성원들의
상호작용 가운데 지도성 실행이 이루어지고 있는 것이다. 나아가,
지도성 실행은 일련의 실무진, 정례업무, 도구—학생 평가 도구, 정
기적인 교사진의 모임, 그리고 학교 스케줄—에 따라서 수월해지기
도 하며 제약을 받기도 한다. 이러한 상황 측면들은 종종 지도성 실
행이란 것을 개인의 행위로만 이해한 접근들에서 간과되던 것이었
다. 여러 도구와 상황 측면들이 중요한 요소로 보일 때 비로소 더 이
상 부속품의 자리로 밀려나지 않을 것이다. 지도성을 이러한 요소들
의 상호작용으로 본다면 지도성에 대한 이해를 새롭게 할 수 있다.
지도자들의 행위는 여전히 중요한 것이지만 많은 상호작용 가운데
일부분일 뿐이다.

4) 지도성의 규범적(normative) 정의

아담스 학교의 윌리엄스 교장이 교사들의 사기를 높이고 이들의
지식과 행동에 영향을 끼쳐서 궁극적으로 학생들의 학업성취에 발
전을 가져왔다는 결과 때문에, 이것을 지도성 사례라고 볼 수도 있
을 것이다. 그러나 지도성을 이렇게 정의하는 것은 문제가 있다. 왜

그램을 개발하고 조정하고 평가하고 교사들을 코칭하는 역할을 담당하고 있다. 영어
뿐 아니라 역사, 사회과학, 읽기능력 향상을 위한 특별한 수업이나 개인교습까지 학
교 전반의 문해력을 높이기 위한 교수학습 활동을 지휘한다.

냐하면 지도성의 존재는 결과 혹은 효과성의 증거가 반드시 있어야만 하는 것이 아니기 때문이다.

시카고의 북서부 편에 있는 코스튼 학교Kosten School를 예로 들어 보겠다. 코스튼 학교에서는 신임 교장과 교감이 학교조직의 정례업무들을 정비하고자 하였을 때 교사들은 무관심하였고, 자신들이 익숙한 방식대로 가르치는 것을 고집했으며, 감독받는 것을 거부하였다. 교장과 교감은 학급의 수업을 개선하고자 교사들이 학생들의 성적표를 어떻게 관리하는지에 대하여 정기적으로 검토하고, 수업을 감독하며, 학습계획표를 따르는지를 관찰하였다. 그러나 이러한 노력에도 몇몇 교사에게는 그들의 지식, 동기 혹은 실행에 별다른 변화를 가져오지 못하였다. 일부 교사에게는 영향을 미치긴 했지만, 그 효과가 학교 전반에 나타나지 않았다. 교장과 교감의 지도적 위치를 인정하고 있는 교사들조차도 이들의 노력을 노골적으로 거부하기도 하였다. 따라서 지도성의 결과, 특히 긍정적인 결과가 있어야만 지도성 존재하는 것처럼 생각하는 데는 오류가 있다는 것이다.

지도성을 정의할 때 결과나 효과의 증거에만 의존하면, 전체가 아닌 일부분만 고려하는 불충분한 정의에 그칠 수 있다. 더욱이 지도성을 결과에 치중하여 정의하면, 지도성과 그 효과 간의 관계에 인과因果가 뚜렷하게 나타나기보다 꼬리에 꼬리를 무는 순환적 논쟁으로 끝나게 될 뿐이다. 분산적 지도성은 이러한 영웅적 지도성 이론의 단점을 극복할 수 있다.

5. 관점으로서의 분산적 지도성

분산적 지도성이 학교의 모든 문제를 고칠 수 있는 만병통치약처럼 묘사되는 것은 문제가 있다. 분산적 지도성은 지도성에 대해서 고찰할 때 사용되는 하나의 관점 혹은 렌즈로 이해하는 것이 타당하다. 성급하게 '이래야 한다'는 규범적 결론으로 이끄는 것은 적절하지 못하다. 이러한 논지에서 보자면, 분산적 지도성은 효과적인 지도성을 발휘하기 위해 이러저러해야 한다는 목록을 제시하는 것이 아니라, 우선적으로 지도성 본질에 대한 이해를 얻게 하는 데 목적이 있다. 물론, 그것이 결과적으로 지도성의 효과적인 발휘에 대한 통찰력을 줄 수도 있을 것이다.

지도성에 대한 분산적 관점은 지도성을 고찰하고 분석하는 하나의 분석틀framework로 보는 것이 타당하다. 이러한 관점에서 지도성을 이해한다면, 새로운 눈으로 바라볼 수 있으며, 연구자들로 하여금 무엇을 보아야 하는지에 대해서 새로운 관점을 제공할 수 있다. 분산적 관점은 학교조직에 대한 진단적 도구 개발에 기여하여 학교 실무자들과 개혁자들에게 지도성에서 간과하기 쉬웠던 측면을 보여주고, 업무에 대한 접근을 새로운 방향에서 시도할 수 있도록 이끌 수 있다. 그리고 종래 영웅적 지도성의 이론에서는 주목받지 못했던 많은 구성원들의 비영웅적이고 평범해 보이는 행동을 인정하고 부각시키는 데 도움이 될 것으로 보인다.

지도성에 대한 분산적 관점은 좋다 혹은 나쁘다의 문제가 아니라는 것을 강조하고 싶다. 이것은 더 나은 지도성에 대한 처방전이 아니라, 다만 지도성이 어떻게 행해지고 있는지에 대한 묘사이기 때문이다. 분산적 관점은 처방을 위한 도구가 될 수는 있지만 그 자체가 처방전이 아니라는 점을 기억해야 한다.

6. 무엇이 지도성인가

시간이 흐르면서 지도성은 여러 가지로 정의되어 왔다. 여러 사람들의 상호작용 과정, 지도자 개인의 특성과 그 효과, 그리고 영향력 행사 등을 지도성으로 보기도 하고, 행위나 행동, 설득력의 한 형태, 권력관계 등으로 이해하기도 하였다(Bass, 1990, p. 11). 배스(Bass, 1990)의 정의에 따르면, "지도성은 두 사람 이상의 집단 안에서 일어나는 상호작용으로, 구성원들에 대한 상황, 지각perceptions, 기대를 만들어 내고 다시 세우는 과정이다. 지도자들은 변화의 주체로서 지도자가 다른 사람에게 주는 영향이 받는 것보다 더 많다. 지도성은 구성원들의 동기 혹은 경쟁력에 변화를 가져올 때 발휘된다." (pp.19-20)라고 말하였다. 정리하자면, 배스는 지도성을 사회적 영향의 관계성a relationship of social influence으로 정의한 것이다.

그러나 이러한 정의에는 문제점이 있다. 바로 결과와 효과성에 의존해서 지도성을 정의한다는 것이다. 어떤 사람이 지도자로부터 영향을 받고 있는 것이 명확할 때만, 그리고 동기와 경쟁력이 향상될 때만 지도성이 존재한다는 전제다. 그러나 코스튼 학교의 사례와 같이, 교사들이 늘 교장과 교감의 노력에 영향을 받아서 그저 그런 학교를 변화시키는 것은 아니다. 교사들이 지도자들의 지침과 의욕을 높이려는 노력을 무시한다고 해도 여전히 지도성 실행은 이루어지고 있는 것이다. 즉, 사람들에게 영향력을 미치지 못한다고 하여도 여전히 지도성이 발휘되고 있는 것으로 볼 수 있다. 이는 학생들의 학업에 향상이 없다고 하여도 교사의 가르치는 실행이 없는 것이 아닌 것과 마찬가지다. 가르친다고 해서 학생들이 자동적으로 배우는 것은 아니지만, 그럼에도 가르치고 있다는 것은 엄연한 사실인 것과 같다.

　이러한 정의가 갖고 있는 또 다른 문제는 바람직한 결과에만 초점을 맞추는 점이다. 그러나 지도성이라는 것이 반드시 바람직하고 유익한 결과 혹은 과정을 가져오는 것은 아니다. 지도성은 실제로 조직과 그에 속한 모든 사람들에게 혜택이 가는 방향으로 발휘되지 않는다. 악명 높은 아돌프 히틀러Adolf Hitler의 경우를 생각해 보자. 이 사람은 지도성을 매우 효율적으로 발휘한 인물로 볼 수 있지만, 이 사람의 지도성을 칭송하는 사람들은 매우 적을 것이다. 가르친다는 것은 때때로 대다수의 사람들이 생각하기에 바람직하지 않은 학습을 초래할 수도 있다. 예를 들어서, 마약거래상이 십대에게 마약을 어떻게 거래하는지에 대해서 가르치는 것은 바람직하지 않지만, 그럼에도 여전히 가르친다는 것은 사실이다. 만약 지도성이 바람직한 결과에 따라서 결정된다고 한다면, 굳이 그 지도성이 효과적인지 비

효과적인지 따질 필요가 없지 않겠는가?

　지도성이 얼마나 효과적인 결과를 가져오는지에 대한 질문과 그 영향력의 방향에 관한 문제는 지도성 그 자체와 분리시켜야 한다. 지도성이란 것은 조직 구성원의 동기, 지식, 감성, 그리고 실행에 영향을 주거나 혹은 영향을 주려고 의도하는 것으로 이해되는 활동이며, 그 활동은 조직의 주요한 일과 밀접히 연관되어 있어야 한다. 구성원들의 사교에 관련된 것이 핵심업무는 아닐 것이다. 예를 들어서, 한 교사가 다른 교사에게 다이어트 클럽에 가입하도록 영향을 주었다고 할 때, 이런 영향은 지도성과 관련이 전혀 없다. 모든 사회적 관계에 영향을 미치는 것이 지도성이 아니라, 그 영향의 목적이 반드시 조직의 중요한 일과 관련되어 있는 것, 그것이 바로 지도성이다. 지도성이라는 용어는 조직의 중요한 일과 관련되어 일어나는 행정가나, 교사와 다른 구성원들에게 영향을 주려는 활동, 혹은 영향을 주려는 의도로 이해되는 활동에만 국한되어야 할 것이다. 반면 지도성은 종종 변화를 이끄는 경우에만 고려되기 쉬운데, 변화를 저지하거나 현 상태를 유지하는 것도 지도성으로 보아야 한다(Cuban, 1988).

7. 새로운 분석틀 세우기

　지도성에 대한 분산적 관점은 두 측면에서 보아야 한다. 첫 번째는 지도자 범위확대 측면, 그리고 두 번째는 실행 측면practice aspect

이다. 지도자 범위확대의 측면은 중요한 것이지만 그 자체로는 불충분한 개념이다. 지도성 실행 측면은 개별적 지도자들의 행위의 총합이라는 것을 넘어 지도자들, 구성원들 그리고 상황의 상호작용에 초점을 맞추고 있다.

1) 지도자 범위확대 측면

지도성에 대한 분산적 관점에서 보자면 지도성은 단순히 교장의 집무실 안에 있는 것이 아니다. 지도성이 회사의 사장실 안에 있거나 다국적 기업의 본부the corner office[3]에만 국한되어 있지 않은 것과 마찬가지다. 마이크로소프트의 빌 게이츠Bill Gates와 같은 기업계의 거물들은 회사를 세우고 변혁시키는 데 일등공신으로 인정받지만, 『위대한 이인자들』[4]이란 책에서 소개하는 것과 같이 이러한 최고경영자들에게는 참모들이 있었다. 마이크로소프트에서는 스티브 발머Steve Balmer[5]가 그러한 예가 될 것이다(Heenan & Bennis, 1999).

---

3) 역자 주: 이 용어는 문자 그대로 건물의 면과 면이 만나는 코너의 사무실을 의미한다. 이러한 곳은 창문 면적이 크므로 다른 곳보다 쾌적한 환경이기 때문에 지위가 높은 사람이 선호한다는 것에서 유래된 숙어로서, 회사의 의사결정이 이루어지는 상징적 장소의 의미로 쓰이고 있다.

4) 역자 주: 데이빗 히난(David Heenan)과 워렌 베니스(Warren Bennis)가 1999년에 출판한 책으로 원제는 *Co-Leaders: the power of great partnership*이며, 한국에서 2000년에 『위대한 이인자들』(최경규 역, 좋은책만들기)이라는 제목으로 번역되었다.

5) 역자 주: 빌 게이츠의 하버드 재학 시 친구로 브랜드 관리와 마케팅 전문가로서 1980년

역사적으로 살펴보면, 기업이든 나라든 관계없이 중국의 마오쩌둥 毛澤東 같은 지도자들은 신뢰하는 참모를 두고 자신의 지도성을 발휘해 왔다. 이러한 형태를 공동지도성Co-leadership이라고 부를 수 있다(Heenan & Bennis, 1999).

지도성을 분산적 관점에서 보자면, 한 학교를 이끄는 데 한 사람의 지도자가 아닌 여러 명의 지도자가 필요하다는 것을 인정하게 된다. 두 명의 교장이 함께 학교를 이끌면서 책임을 나누는 것도 종종 보이는 사례다(Gronn, 2003; Grubb, Flessa, Tredway, & Stern, 2003). 또한 지도성은 공식적 지도자들의 활동을 합해 놓은 것 그 이상이다. 공식적이든 비공식적이든 어떤 역할을 맡고 있는 사람들이 지도성 활동에 함께 참여하고 책임을 나누고 있기 때문이다.

교장 이외의 학교 지도자들—교감, 교과교육 전문가, 읽기와 타이틀 I[6) 교사들—은 개인적이든 집단적이든 지도성에 따르는 책임

마이크로소프트에 입사한 이후 벤처기업에 불과했던 회사를 세계적인 기업으로 성장시킨 인물로 알려져 있다. 빌 게이츠가 방향을 제시하면 발머는 그 방법을 찾아내어 이루어 내는 인물로 평가받기도 한다.

6) 역자 주: 미국의 교육비는 기본적으로 지역 주민들의 재산세를 바탕으로 이루어진다. 부유한 지역의 학교들은 운영비가 더 많고 그렇지 못한 지역의 학교들은 상대적으로 적은 자원으로 학교를 운영할 수밖에 없다. 따라서 미국 연방정부는 타이틀 I(Title 1)을 제정하여 저소득층 가정의 학생들의 수학능력을 증진시키기 위한 지원과 교육프로그램을 지원하고 있다. 이것은 1965년에 제정된 미국 초·중등교육법 안의 한 부분으로서, READING FIRST, EARLY READING FIRST, EVEN START, IMPROVING LITERACY THROUGH SCHOOL LIBRARIES와 같은 프로그램을 통해 그 목적을 성취하려고 한다. 자세한 내용은 http://www.ed.gov/policy/elsec/leg/esea02/pg1.html을 참조.

을 지게 된다. 예를 들어서, 동료 교사에게 멘토가 되어 주고 교사전
문성 개발 프로그램을 운영하는 것이다. 아담스 학교의 네 명의 교
사들은 수업시간이 다른 교사들보다 많았음에도, 수학 교육에 관련
된 분야에서 지도적 역할을 하고 있었다.

  학교를 이끌어 가는 책임은 학교 행정가들의 공식적 행동 혹은
사적인 의사결정을 통해서만 이루어지는 것이 아니다. 즉, 분산적
지도성은 단순히 위임된 지도성이 아니라는 뜻이다. 교사와 학부모
같은 사람들도 자발적으로 지도성과 그 책임에 참여할 수 있다. 어
떤 면에서 분산적 지도성 이론은 지도성 실행에 가담하는 모든 사람
의 역할을 인정하고 취합하려는 의도가 드러난다. 지도성 실행에
참여하고 있는 모든 개개인을 인정하고 이러한 사람들의 실행을 더
해 보는 것이다. 즉, 누가 어떤 일을 통해서 지도성에 가담하고 있
는지를 살펴보게 하는 것이다. 이를 위한 전략 가운데 하나는 학교
를 개선하는 노력, 즉 수업에서의 비전을 세우고 설득하며, 교사들
간의 신뢰와 협동을 구축하며, 교사전문성 개발을 지지하는 기능에
대한 책임을 누가 맡고 있는지 알아보는 것이 될 수 있다(Heller &
Firestone, 1995).

  지도자 범위확대의 관점은 분산적 분석틀의 중요한 요소임에 틀
림없지만, 일부분에 지나지 않다는 것을 말해 두고 싶다. 지도성 기
능과 활동들에 대한 책임을 누가 갖고 있는지 찾아내어 더해 보는
것도 중요하지만, 이는 불충분한 분산적 지도성 개념이다.

2) 지도성 실행 측면

지도성을 분석할 때, 사람들 간에 지도성이 분산되어 있다는 지도자 범위확대 측면에서 더 나아가, 상황도 하나의 요인으로 상호작용하다는 '지도성 실행 측면'으로 보아야 할 것이다. 지도자 범위확대는 지도자의 역할과 기능, 그리고 누가 책임을 지고 있는지 그 이상의 문제를 다루고 있지만 지도성 실행은 지도자, 구성원 그리고 상황의 상호작용을 통해서 형성된다([그림 1] 참조).

"행위 관점이란 관리의 실재를 행위의 문제로 이해하는 것이다." (action perspective sees the reality of management as a matter of actions)라는 에클리스와 노리아(Eccles & Nohria, 1992)의 주장은 지도성을 연구하는 데 단순히 구조$_{structure}$, 상태$_{states}$, 계획$_{design}$만 보는 것이 아니라 지도성 행위$_{actions}$에 초점을 맞춘다는 점에서 이 책의 논지를 지지해 주고 있다. 지도성을 활동으로 정의하는 것은 한 조직 내의 다양한 지위에서 지도성이 발휘되고 있다는 것을 전제하는 것이다(Heifetz, 1994). 그리고 활동에 초점을 맞추는 중요한 이유는 "영향을 주는 관계로서의 지도성이 얼마나 강력할 수 있는가의 문제는 활동이 얼마나 효과적인가에 달려 있기 때문이다." (the strength of leadership as an influencing relation rests upon its effectiveness as activity)[7] 교육학 분야에서 헥과 헐링거(Heck & Hallinger, 1999)는

---

7) 역자 주: 에클리스(R. G. Eccles)와 노리아(N. Nohria), 그리고 하이페츠(R. A.

학교 지도성을 제대로 이해하기 위해서 지도성 실행에 대한 심도 있는 분석이 필수적인데 지금까지 거의 없었다고 지적하였다.

지도성 실행을 다룬 대부분의 연구들은 실행을 지도자들의 행위와 동일시하였다. 지도성 실행을 연구하기 위한 분석틀은 다양하지 못한데, 그나마 있는 것들은 대부분 개인의 행위에 치중되어 있다. 그러나 분산적 관점에서 볼 때 지도성 실행은 지도자와 구성원, 그리고 상황의 상호작용으로 이루어지는 것이다(Gronn, 2000; Spillane, Halverson, & Diamond, 2001, 2004). 즉, 지도성 실행은 지도적 정례업무에 대한 책임을 맡고 있는 사람들에 걸쳐 있다. 나아가 지도자, 구성원, 상황이라는 세 요소는 상호작용을 통하여 지도성 실행을 만들어 나간다. 지도성 실행의 세 요소는 [그림 1]에서 보는 바와 같이 삼각형으로 표현될 수 있다. 하나의 삼각형은 특정 시점의 지도자, 구성원, 그리고 상황의 상호작용을 나타내는데, 정례업무를 통하여 세 요소의 상호작용은 늘어 간다. 여러 개의 삼각형은 이러한 중첩된 상호작용을 표현하고자 한 것이며, 시간의 흐름에 따른 중요성 또한 강조하기 위함이다. 삼각형이 겹치는 데서 선이 끊어진 부분은 시간이 흐르면서(그것이 25분 동안의 교사 회의든지 혹은 일 년 동안 걸쳐 행해진 회의든지) 상호작용이 연결되어 가고 있다는 것을 표현

Herifetz)의 인용을 통해 저자가 강조하려는 바는 지도성을 이해할 때 조직의 구조나 지위와 같은 형식보다 더 중요한 것이 사람들이 어떻게 하고 있느냐에 관한 내용의 문제라는 것이다.

하고 있다.

따라서 중요한 이슈는 지도성이 분산되어 있다는 점이 아니라 어떻게 분산되어 있는가다. 이러한 점에서 볼 때 분산적 지도성은 지도성 실행이 다수의 지도자들 간에 어떻게 걸쳐져 있으며, 이들이 구성원 및 상황과 더불어 어떻게 실행을 구성하는지에 초점을 맞추게 된다.

이 책에서는 먼저 지도자들 간에 어떻게 지도성이 펼쳐져 있는지 살펴본 다음, 구성원과 상황의 측면을 볼 것이다. 여기서 사용하는 사례는 노스웨스턴 대학교Northwestern University에서 1999년부터 다년간에 걸쳐 저자와 동료들이 수행해 온 연구 프로젝트를 통해 얻은 것으로, 시카고 지역의 5개 초등학교K-5 and K-8[8]에서 지도성을 조사하였다(이를 분산적 지도성 연구Distributed Leadership Study[9]라고 부른다.). 이론을 구축하기 위한 이 연구 프로젝트는 질적-양적 연구방법을 모두 사용하였는데, 민속학적 연구, 구조화된 관찰, 구조화된 혹은 반구조화된 면접법, 교사와 교장 설문지, 사회적 관계성 서베

---

8) 역자 주: K-5는 유치원부터 5학년까지 수용하는 학교이며, K-8은 유치원부터 한국의 중학교 2학년에 해당하는 등급까지 다니는 학교를 뜻한다. 한국의 거의 모든 공립 초등학교는 1학년부터 6학년까지 학년제가 정해져 있지만, 미국은 공립이라도 학교마다 수용하는 학년 등급이 다양하다.

9) 역자 주: 저자가 1999년에 시작하여 다년간 분산적 지도성 주제로 미국 일리노이 주 시카고 지역의 15개 초등학교를 대상으로 지도성을 연구한 프로젝트를 지칭한다. http://www.sesp.northwestern.edu/dls/에 이 프로젝트에 대한 자세한 소개가 나와 있다.

이, 그리고 지도성 활동 비디오 분석 등을 사용하였다. 저자의 연구 팀들은 이러한 연구방법을 사용하여 5년 넘게 분산적 지도성에 대한 이해를 구축해 가고 있다.

(1) 지도자와 지도성 실행

분산적 지도성 관점에서 보면, 지도성 실행은 다수의 지도자들에게 걸쳐서 나타난다. 저자와 동료들이 수행한 분산적 지도성 연구의 결과들이 이를 지지하고 있다. 지도자들이 어떤 실행을 계획하거나, 주변을 격려하여 착수하게 하거나, 혹은 그 집행에 직접 참여하여 대부분 두 명 이상의 지도자가 일하고 있었다. 아담스 학교에서 조찬회의를 계획하고 시작할 수 있는 환경을 조성한 데는 여러 명의 지도자들이 관련되어 있었다. 그리고 그 조찬회의를 이끌고 나간 것은 이 모임을 추진한 여러 지도자들과 관련되어 있었지만 이후에는 교사 지도자들도 지도적인 역할을 하였다. 학교 내의 정기적인 교사전문성 개발in-house teacher professional development 모임을 통해서 교사의 실력을 개발하는 것은 분산적 지도성 연구 팀에서 조사한 학교들 가운데 대부분이 채택하고 있는 방식이었다. 문해교육에서 교사의 전문성 개발을 한 예로 살펴보면, 보통 교장, 문해교육 담당자, 그리고 두 명 이상의 교사 지도자들이 함께 일한다. 때로 지도자들의 역할에는 차이들이 있고 다른 때는 겹치기도 한다. 이러한 다수의 지도자들이 함께 일하면서 교사교육을 함께 지휘해 나간다. 한 지도자는 회의의 의장과 같은 역할을 하면서 토론을 고무시키고, 다른 지도자는 참여자들의 의견을 기록하기도 한다. 다른 지도자는 참여자들의 의견과 생각을 명확히 하도록 유도하며 그 모임 안에 합의가 이루어지도록 이끌고 있었다. 이 지도자는 중심적인 아이디어를 재진술하거나 참여자들이 동의하는지를 질문함으로써, 합의를 이끌어 내면서 동시에 토론 전체의 맥락을 놓치지 않게 하고 있었다.

이러한 상황 속에서 보이는 지도성 실행은 앞에서 묘사한 대로 모든 지도자들과 연관되어 있었고, 실상 실행은 지도자들 사이에in between 놓여 있었다고 말할 수 있다.[1] 지도성 실행은 지도자들 간의 상호작용 안에서 형성되고 있었던 것이다. 지도자들은 서로를 자극하고, 또한 밀고 끌어 주면서 조직을 이끌어 가고 있었다. 이러한 상황 가운데 지도성 실행은 각 지도자들의 행위를 단순히 더해 놓은 것이 아니라, 그 이상의 상호작용이 일어나는 하나의 체계system로 볼 수 있다. 따라서 분산적 관점의 연구는 어떻게 지도성 실행이 지도자들의 상호작용 안에서 형성되어 가는지 면밀히 살펴보는 것이다. 지도성은 하나의 실행체계system of practice다. 이 체계는 상호 의존하며 작용하는 각 구성요소들이 모여서 이루어지는 것이므로, 한 조직을 이루는 개개인을 넘어선 그 이상의 독특한 조직의 특성이 나타나게 된다. 이 문제는 3장에서 상세히 다루도록 하겠다.

투스텝a two-step이라는 춤 동작을 생각해 보자. 한 사람과 그 파트너의 각 행위는 중요한 요소이지만, 이 춤 동작은 두 사람의 상호작용 가운데 일어나는 것이다. 즉, 투스텝의 실행은 두 사람 사이에 있다고 말할 수 있다. 두 사람의 동작을 따로 보는 것으로는 그 춤 동작을 제대로 이해할 수 없다. 즉, 그 상호작용을 분석하는 것이 중요하다는 것이다. 더욱이 춤의 배경음악—환경에서의 중요한 측면—은 두 사람의 춤에서 중요한 요소다. 왜냐하면 이를 통해서 여섯 박자에 네 번의 스텝을 맞추게 하는 리듬이 주어지기 때문이다. 투스텝은 두 사람 사이에, 그리고 이들과 음악 사이에 있다는 것이 분명하다.

함께 일한다는 것이 반드시 필요한 것은 아니다. 학교의 지도자들은 함께 일하기도 하지만, 때로는 따로 각자의 일을 처리하기도 한다. 그러나 여전히 상호 의존적이다. 시카고의 서편에 위치한 엘리스 학교Ellis School를 예로 들자면, 교장과 교감은 수업을 개선하기 위한 핵심적인 지도성 기능으로서 학급의 교수활동을 함께 모니터하고 평가하였다. 따라서 엘리스 학교에서는 두 명의 지도자들이 각각 수업을 모니터하는 활동을 해 오고 있으며, 이러한 지도성 실행은 한 학년의 교육과정에 대해 두 사람 간의 상호작용 속에서 이루어지고 있다. 이 실례에 대해서는 3장에서 더 언급하도록 하겠다.

(2) 구성원과 지도성 실행

구성원 측면 또한 지도성 실행에서 본질적인 요소다. 학급을 맡은 교사, 행정가, 전문가 그리고 여타의 다른 사람들은 어떠한 지도성 활동인가에 따라 지도자의 입장이 되기도 하고 구성원의 입장이 될 수도 있다. 이 책에서 구성원이라는 용어를 쓰는 것은 단순히 지도자의 역할에 있는 사람들과 지도자는 아니지만 그 지도성 활동에 관여된 사람들을 구분하기 위해 사용할 뿐이다. 지도자들만 구성원들에게 영향을 끼치는 것이 아니라 구성원들도 지도자들에게 영향을 미치기도 한다(Cuban, 1988; Dahl, 1961). 지도성에 대한 분산적 관점은 구성원을 중요하게 여길 뿐만 아니라, 더 나아가 지도성 실행을 구성하는 필수적인 요소로 보고 있다. 따라서 단순히 구성원들에게 행해지는 무엇이 지도성이 아니라 구성원, 지도자, 상황의 상호작용이 지도성 실행을 정의하는 것이다. 저자는 학교 지도성 실행을 관찰 및 연구하면서 구성원들의 역할이 지도성 실행의 성격을 바꾸는 것을 목격하였다.

(3) 상황과 지도성 실행

지도자들은 단순히 구성원들과 상호작용하는 것이 아니라 상황과도 상호작용을 한다. 여기서 상황이라는 것은 정례업무와 도구를 포함하는 개념이다. 학교 지도자들—보통 사람들도 마찬가지이지만—은 세상에 대해서 직접 일하지 않고, 그 상황의 다양한 측면을 통해서 일한다.

정례업무는 일상의 한 부분으로 당연하게 여겨지곤 한다. 이러한 활동들은 아침에 출근하는 것에서부터 읽기 수업을 진행하는 것까지 모두 연결되어 있다. 정례업무란 두 사람 이상이 관여하는 "상호 의존적인 행위로서, 그 패턴이 반복적이며 타인으로부터 인식 가능한 것"을 의미한다(Feldman & Pentland, 2003, p. 96). 5주단위평가를 예로 생각해 보자. 이는 5주마다 한 번씩 반복되었던 것이며 아담스 학교의 교직원이라면 누구나 다 알고 있었던 것이다. 이 정례업무들은 일곱 가지의 상호 의존적인 단계들로 이루어졌는데, 예를 들어 학업성취 평가 도구를 만들고, 학생들의 답안을 점수 매기고 분석하며, 분석된 문제들을 해결하기 위해서 어떠한 교수 전략이 적합할지 결정하는 일들을 포함하고 있었다. 또한 이 정례업무는 문해교육 담당자부터 교장에 이르기까지 여러 사람들이 참여하고 있었다. 따라서 정례업무란 것은 학교생활에서 절대로 없앨 수 없는 부분이라고 할 수 있다.

도구란 사람들이 실행에서 사용하는 아이디어가 구체적으로 구현된 것(Tools are externalized representations of idea that are used by people in their practice)이라고 할 수 있다(Norman, 1988; Wertsch, 1998). 그 예로, 학생들의 시험성적 데이터, 교사평가를 위한 관찰에 쓰이는 프로토콜, 수업 계획안, 그리고 학생들의 학업수행 자료 등이 있다. 이러한 도구들에 따라서 지도자와 구성원 사이의 상호작용은 서로 달라질 수 있다.

저자가 참여한 학교 연구에서 지도성 실행을 묘사할 때 도구에 대한 설명이 없이는 불가능함에도 실행이 지도성 연구에서 주된 초점이 되지 못했기 때문에, 학교 지도성을 언급할 때 주목받지 못하는 것을 봐 왔다. 초점이 된다고 해도 대부분 지도성 실행의 부수적인 것으로, 조직의 개개인이 좀 더 효율적으로 일할 수 있도록 도와주는 것으로, 그리고 지도성 실행은 전적으로 실무자들의 기술과 지식에 대한 결과로 인식되어 왔던 것이다. 도구를 지도자들의 업무 효율성에 영향을 미치는 부속물 정도로 여긴다면, 도구가 지도자들과 구성원들과 함께 상호작용하여 지도성 실행을 형성한다는 사실을 간과하게 된다. 예를 들어서, 인터넷이란 도구는 현대인에게 일상의 잡무를 처리하는 방식에 혁명적인 변화를 가지고 왔다. 인터넷은 책을 사거나, 전화번호를 찾거나, 비행기 예약을 하거나, 공항에서 체크인을 하는 것을 크게 바뀌게 하였다. 인터넷 시대에서 책 한 권을 사는 것은 다른 누군가와의 직접적인 상호작용을 요구하지 않게 한다. 마우스를 클릭하면 책을 사기 전에 다른 고객들이 그 책에 대해서 어떤 생각을 가지고 있는지 알 수 있으며, 또한 관련된 제목의 목록들을 볼 수 있다. 인터넷은 단순히 책을 사는 것을 더 효율적 혹은 덜 효율적으로 만든 것이 아니라, 사는 행위의 방법 자체에 변화를 가져온 것이다.

분산적 관점에서 보면, 도구와 정례업무는 지도성 실행을 구성하는 데 절대적으로 필요한 요소다. 상황의 또 다른 측면들—예를 들어서, 위원회 구조나 조직의 문화—도 물론 중요한 것이지만 이것은 이 책에서 다루고자 하는 영역을 벗어나는 주제들이다. 이 책에서는 상황을 도구와 정례업무에만 한정하여 상황의 다른 측면보다 도구와 정례업무, 그리고 이 둘과 지도성 실행 간의 관계를 중점적으로 다룰 것이다.

분산적 관점에서 보면, 단순히 도구나 정례업무, 혹은 구조의 중요성을 인식하게 될 뿐 아니라, 어떠한 도구가 지도성 실행에서 더 중심적인지 파악할 수 있다. 분산적 관점은 상황의 측면이 어떻게 실행을 용이하게 하고 혹은 제약하는지 이해하는 것을 필수로 삼고 있다. 왜냐하면 이것이 그 실행의 본질을 정의하는 데 중요한 요인이기 때문이다. 윌리엄스는 아담스 학교에 교장으로 부임했을 때, 처음으로 해야 할 일은 교수학습을 위한 지도성 실행을 새롭게 구축하기 위하여 학교조직의 기반을 재정비하는 것이었다고 회고하였다. 아담스 학교 교사들 내에 전문적 교사 공동체를 형성하고 교사교육을 증진시키기 위해서, 윌리엄스 교장과 동료 교사들은 조찬회의라는 정례업무를 만들었다. 이는 아침에 정기적으로 만나서 교수와 학습에 관한 교사들의 연구를 발표하고 나누는 모임이었다. 그리고 교수와 학습 활동을 모니터하고 개선시킬 부분을 파악하기 위해서 이들은 5주단위평가라는 정례업무를 만들었다. 윌리엄스 교장은 "우리 학생들이 배워야 할 것들을 완전히 학습하기 위해서는 학교 내에서 이러한 구조를 만드는 것이 중요하다는 생각이 들었습니다. 정기적으로 또 지속적으로 말이지요."라고 말하였다. 이러한 정례업무들은 제3장에서 더 자세히 논할 것이지만, 지도성 실행의 본질을 정의하는 데 중요한 역할을 하고 있었다.

도구나 상황의 다른 측면들이 지도성 실행의 본질을 규정하는 한편, 지도성 실행을 통해서 이러한 것들이 재정의되기도 한다. 도구들과 정례업무들이 틀에 박히게 만들어져 유연성을 잃어버리는 것이 아니라, 오히려 이 두 가지는 지도성 실행을 통해서 만들어지고 재정비되는 것이다. 다시 말해, 도구와 정례업무는 지도성 실행의 결과라는 것이다. 아담스 학교는 전통적으로 교사들이 자기 학급은 자기들이 알아서 운영했고 교사들 간에 학급 운영에 대한 대화를 격려하는 분위기가 전혀 아니었다. 윌리엄스 교장과 교사 지도자들은 이러한 학교의 기반부터 바꾸어야 하며, 학교 안의 '계란상자'[10] (Lortie, 1975)를 혁파하고, 교수활동에 대한 교사들 간의 대화를 고무시킬 수 있는 기회를 조성해야겠다는 생각을 하게 되었다. 조직의 여러 가지 정례업무와 도구는 어떠한 지도성 실행이 형성될지에 대해서 많은 가능성을 주는 요소인 동시에 실행을 통해서 형성되는 것이다. 도구와 정례업무는 만들어지고 다시 만들어지며, 처음에 계획할 때 의도하지 않았던 효과가 나올 때 그 가치가 재평가받기도 한다.

8. 분산적 지도성: 새 부대에 담긴 오래된 포도주인가[11]

어떤 이들은 '도대체 새로운 부분이 있기는 한 것인가?'라고 반문

---

10) 역자 주: 로티(D. C. Lortie)는 학교조직에 대한 비유적 표현으로 '계란상자'라는 용어를 사용하였다. 계란이 한 꾸러미에 담겨 있지만 서로 부딪치지 않게 각기 나누어 떨어져 있는 모습을, 교사들의 비협력적이며 개인화된 전문성을 학교개혁의 걸림돌로 비유할 때 자주 사용된다. 교사들이 외부에서 어떤 개혁안이 제시되어도 자신이 전통적으로 해 오던 방식을 고수하고 교실 안에서 어떤 일이 일어나는지에 대해 동료들과 공유하려는 태도가 부족한 양상을 지칭하고 있다.

11) 역자 주: 성경에서 유래된 표현으로, 새로운 내용은 새로운 형식에 담아야 그 내용

하며 분산적 지도성의 새로운 측면이 무엇인지 묻는다. 이것은 분산적 지도성 이론들 가운데 어떠한 정의를 따르는가에 따라서 달라진다. 어떤 사람들은 분산적 지도성을 다른 지도성 개념 혹은 접근과 유사한 것이라기보다 이미 있었던 것 중에 어떤 것과 복사판이라고 보기도 한다.

　지도성을 연구하는 학자들은 지도성을 면밀히 살펴보기 위해서 조직의 대표 인물에 고정된 관점을 뛰어넘는 것이 필요하다고 주장해 왔다(Barnard, 1938; Katz & Kahn, 1966). 또 지도성 이론에 저명한 몇몇 비평가들은 지도성을 이해하기 위해서는 조직에서 의사결정을 하는 사람들의 연립이 어떻게 변화하는지에 대해 주목해야 한다고 주장하기도 한다(Cyert & March, 1963; March & Olsen, 1984). 학교 지도성에 관한 연구들에 따르면, 교장이 지도성을 홀로 쥐고 있는 경우는 거의 없는 것으로 보고하고 있다. 즉, 교사, 행정가, 다른 전문가들이 모두 지도성 역할에 중요한 역할을 하고 있는 것이다(Smylie & Denny, 1990). 이러한 문헌 연구들이 시사하는 대로, 지도자 범위확대 측면은 새 부대에 담긴 오래된 포도주와 같은 것이라

과 형식이 모두 안전하게 유지될 수 있다는 뜻이다. 이 표현을 빗대어, 저자는 분산적 지도성이 지금까지 지도성 이론들과 같은 내용을 단지 용어들만 바꾸어 설명하는 것이 아니냐는 비판에 대해서 응답하고 있다. 단순히 공식적 위치의 지도자뿐 아니라 조직의 여러 사람들이 지도성을 발휘하고 있다는 '지도자 범위확대'라는 접근은 오래된 포도주를 새 부대에 담은 꼴이지만, 저자가 힘주어 강조하고 있는 '지도성 실행'의 접근은 새 포도주를 담은 새 부대라는 것이다.

고 볼 수 있다. 즉, 이미 알려져 있는 현상에 다른 이름을 붙인 것에 불과하다.

  그러나 최근의 연구들은 여전히 지도자 범위확대 측면에 대한 중요하고 새로운 시사점들을 많이 던져 주고 있으며, 이 책의 2장에서 이를 다루고 있다. 더욱이 학자들은 지도성이 조직의 맨 윗자리에 있는 인물을 넘어서 확장되어야 한다고 오랫동안 주장해 왔는데, 이들의 주장은 전혀 먹혀드는 것 같지 않다. 학교 지도성에 관한 경험적 연구들과 지도성 개발에 관한 연구들을 보면, 늘 교장에게만 초점을 맞추고 있는 것이 대부분이다. 사실상, 효율적인 학교조직에 관한 연구들이 학교 지도성과 교장을 동일시하는 전통을 세우는 데 적지 않은 공헌을 했다고 볼 수 있다. 교장은 학교 지도성에서 매우 중요한 위치를 차지하지만, 교장과 지도성을 같은 것으로 여길 만큼 중요한 것은 아니다. 따라서 지도자 범위확대 측면은 이미 축적된 지식에 획기적인 확장까지는 아니라도 여전히 중요한 것은 분명하다.

  널리 퍼져 있는 '위에서 아래로 보는 관점'을 비판하며, 이에 대한 대안 중 하나가 교사 지도성에 초점을 맞추는 것이었다. 그러나 교장과 교사 지도성을 분리하여 보는 것은 통합적으로 보아야 할 학교 지도성을 구획하는 것과 같아서 문제를 유발한다. 이것은 마치 위아래가 어그러진 그림처럼, 교사 지도성과 교장 사이의 상호 관계성을 설명하지 못한다는 것이 문제다. 공식적 지도자들과 교사이면서 지도자의 역할을 한 사람들 간에 지도성 실행이 어떻게 걸쳐져 있는지에 관한 연구들은 굉장히 드물다. 이에 반해, 분산적 관점은 지도성 실행을 하나의 분석 단위로 보고, 교사들과 행정가들을 모두 지도자로 보고 있다. 지도성 실행의 맥락을 고려하지 않고서 교사 지도성에 대한 연구로 대체하는 것은 이미 있던 것에 새로운 것을 가미한 것으로 보아야 할 것이다.

어떤 면에서 보자면 예전의 이론들도 분산적 지도성처럼 상황과 구성원에 대해서 중시한 것들이 있다. 예를 들어, 상황적응적 이론 contingency theorists에서는 '학교의 크기'와 같은 상황적 측면을 강조했다. 즉, 상황이 지도자가 하는 일에 어떻게 영향을 주며, 교사들에 대한 지도자들의 영향력을 어떻게 중개하는지에 대해서 설명하고 있다(Bossert, Dwyer, Rowan, & Lee, 1982; Fiedler, 1973; Murphy, 1991). 상황적응적 이론은 상황에 대한 중요성을 인정하고 있지만, 분산적 관점은 상황에 대해서 갖는 전제가 상황적응적 이론과 다르다. 분산적 관점에서의 상황이란 단순히 학교 지도자가 일하는 맥락이 아니라, 지도성 실행을 규정하는 필수적인 요소다. 상황, 즉 정례 업무와 도구는 밖에서 안으로 영향을 미치는 어떤 것이 아니라 안에서 밖으로 지도성을 형성해 가는 요소다. 분산적 관점으로 볼 때 지도자와 구성원은 상황과 상호작용하는 가운데 지도성 실행을 공동으로 구성하게 된다. 상황도 실행을 규정하는 하나의 요소인 것이다. 이러한 관점에서는 상황이라는 것은 단순히 지도자가 하는 일에 영향을 미치는 것이 아니라, 지도자와 구성원과 상호작용하면서 지도성 실행을 정의하게 된다.

분산적 지도성 이론에서 구성원은 지도성 실행에 대한 논의에서 매우 중요한 위치를 차지한다. 이러한 점은 지도자가 지도성을 발휘하기 위해서 구성원에게 의지한다는 예전 지도성 이론들의 주장과 상통한다고 볼 수 있다(Cuban, 1988; Dahl, 1961; Hollander, 1978). 그러나 분산적 지도성은 이러한 예전의 지도성 이론들을 넘어서, 지도성 활동을 규정하는 필수적인 구성요소로서 구성원을 자리매김한다. 이렇게 상황과 구성원도 지도성 활동을 규정하는 요소이며, 바깥에서 영향을 주는 것들이 아니라 안에서 지도성 실행을 형성하는 것이다. 따라서 분산적 지도성은 지도성 실행 측면에서 구성원의 위치를 다르게 설정함으로써 과거의 연구물들과 차별을 두고 있다.

9. 분산적 지도성과 유사하게 쓰이는 개념

분산적 지도성은 종종 협동적 지도성, 공유적 지도성, 합동 지도성, 민주적 지도성, 상황적 지도성과 동의어처럼 사용되곤 한다. 때로는 분산적 지도성을 변혁적 지도성의 한 유형과 같은 것으로 주장하는 이들도 있다. 저자는 이러한 것들이 오류라고 생각한다. 이러한 용어들은 분산적 지도성과 유사한 측면이 있을 수 있지만, 같은 것이 될 수는 없다.

협동적 지도성collaborative leadership은 용어의 정의상 지도성이 분산되어 있다는 것을 전제하지만, 모든 분산적 지도성이 반드시 협동적이어야 하는 것이 아니다. 실상, 분산적 지도성은 상황에 따라서 더 협동적이 될 수도 있고 그렇지 않을 수도 있다. 코스튼 학교에서 교장과 교감이 학급 교수활동의 개선을 위해서 노력할 때, 경력이 오래된 몇몇 교사들은 오히려 그 변화를 거부하였다. 이러한 상황은 분산적 지도성의 관점에서 이해가 가능하지만, 협동적 지도성으로는 설명할 수 없다. 그 교사들은 학교 행정가들이 추구한 방향과 정반대 방향으로 나아갔기 때문이다. 이와 같이 분산적 관점에서 지도성은 민주적 지도성이 될 수도 있고, 독재적 지도성이 될 수도 있다. 또한 분산적 관점에서 지도성은 학교라는 조직 안에서 지도자들 사이에 걸쳐 있을 수 있지만, 그것이 반드시 민주적일 필요는 없는 것이다(Wood, 2004). 예를 들어, 아담스 학교의 수학교과에서 지도성 실행은 언어과목language arts[12)]과 비교해 볼 때 독재적 성격이 강했다. 수학교과에서의 지도성 실행은 지도자 교사들이 주로 의견을 많이 내고 참고 자료와 교수 전략을 가르쳐 주는 방식이었던 반면에, 문해교육에서는 지도자들과 교사들이 서로 의견을 주고받으며 교수 전략을 함께 세워 나가는 방식이었다. 그러나 수학교과가 좀 더 독재적이라고 해도 여전히 지도자와 구성원과 상황의 상호작용 가운데 이루어지고 있었기 때문에 덜 분산적이었다고 볼 수 없다. 이와 같이 팀워크로서의 지도성을 연구할 때 반드시 분산적 관점으로 취할 필요는 없다고 생각한다. 왜냐하면 지도성 실행 측면을 고려하지

---

12) 역자 주: language arts는 미국학교에서 말하기, 듣기, 읽기, 쓰기 등의 영어사용 능력을 향상시키기 위한 과목이다. 한국에서 국어에 해당하는 과목이라고 할 수 있다.

않고도 얼마든지 팀워크로서의 지도성으로 접근할 수 있기 때문이다. 더욱이 팀워크로서의 지도성 관점에서는 실행이라는 것을 단순히 팀의 한 기능으로 보며 분산적 관점처럼 지도자, 구성원, 상황의 상호작용으로 보지 않는다.

합동 지도성Co-leadership은 분산적 지도성의 측면을 포함하지만, 지도성 실행을 합동 지도성보다 잘 이해할 수 있게 해 주지는 못한다. 히난과 베니스(Heenan & Bennis, 1999)에 따르면, 합동 지도성은 "권력과 책임이 공동 지도자들 사이에 분산되어 있으며, 같은 목표를 향하여 함께 일하고, 가치와 포부를 공유한다."(p. 5) 이 책에서 말하고 있는 분산적 관점이 이와 다른 이유는 실행에 초점을 맞추고 구성원과 상황이 지도성을 규정하는 요소로 포함되기 때문이다. 나아가 합동 지도성은 지도자들이 가치와 포부와 목표를 함께 공유해야 한다는 것을 전제로 하지만, 분산적 관점에서는 지도자들이 가치를 공유하지 않고 동일하지 않은 목표를 위해서 일하는 실행에서도 여전히 분산적일 수 있다는 것이다. 그래서 모든 분산적 지도성이 합동 지도성을 의미하지는 않는다.

끝으로, 변혁적 지도성transformative leadership과 분산적 지도성의 관계에 대해서 생각해 보자.[2] 실상 변혁적 지도성에 대해서 일치하는 정의는 없지만, 일반적으로 거래적 지도성과 대비되는 개념이라고 할 수 있다. 변혁적 지도성은 '어떤 현상의 형식과 본질과 기능에 중대한 변화를 가져오기 위한' 목적으로 '구성원에게 권한을 부여하는 것'이라고 정의된다(Burns, 1978; Leithwood, Begley, & Cousins,

1992, p. 25). 이와 유사하게 베니스(Bennis, 1959)의 주장에서도, 변혁적 지도성의 핵심은 구성원의 의식을 고취시키고 더 위대한 것을 향하여 나아가게 하는 형태로 구성원에게 다가가는 것이라고 말하고 있다. 개개인의 필요를 이해하는 것이 이들을 조정하고 통제하는 것보다 더 중요하다고 믿는다. 반면, 거래적 지도성은 지도자와 구성원의 관계를 사회적 교환의 관계로 본다. "내 등을 긁어 주면 내가 당신 등을 긁어 주겠소."라는 것과 같다. 더하여, 변혁적 지도성에 대한 많은 설명들은 교장을 모든 좋은 것들을 만들어 낸 사람인 것처럼 묘사하여 영웅적 지도성 이론에 공헌하였다.

지도성에 대한 분산적 관점은 개념적으로 변혁적 지도성과는 적어도 두 가지 면에서 차이가 있다. 첫 번째, 분산적 관점은 거래적 관점과 변혁적 관점을 동등하게 대우한다. 즉, 분산적 관점에서 볼 때 지도성은 변혁적일 수도 있고 거래적일 수도 있는 것이다. 지도성에 대한 분산적 관점은 지도성 실행에서 사회적 영향의 메커니즘에 대해 불가지론不可知論적인 입장을 취하고 있다. 두 번째, 분산적 관점은 최고경영자나 교장이 중심이 아니라 지도성 실행을 그 중심에 둔다. 이에 따라 다른 관리자들이나 교사들이 지도성 실행에서, 그것이 계획적by design이든지 비계획적by default이든지 상황에 따라 중심인물이 될 수 있다.

10. 지도성 실행과 수업

학교는 교수학습을 위해서 존재하는데 그렇다면 지도성 실행이 이것과 어떻게 연결되어 있는 것일까? 일반적으로 사람들은 가르친다는 것을 교사 개인의 지식, 기술, 행위로 여기지만, 실제로는 교사와 학생, 그리고 교재가 함께 어울려 만들어 내는 공동작이라고 보아야 한다(Cohen & Ball, 1998). 가르치는 내용이 같다 하더라도 학생에 따라서, 또 시기에 따라서 얼마나 달라질 수 있는가는 아무리 숙련된 교사라도 인정할 수밖에 없을 것이다. 교사가 수업을 진행하는 데 학생도 주요 변수다. 어떤 학생인가에 따라서 수업이 달라질 수 있다. 교사, 학생 그리고 교재는 학급의 수업을 상호 간에 구성해 나가는 요인들이다.

수업을 이러한 관점으로 보는 것은 지도성 실행과 수업이라는 실행의 관계를 이해하는 데 도움을 줄 수 있다. 학교 지도성과 교수학습의 관계를 탐색할 때 학자들은 학교 지도자와 교사의 일 사이에 어떠한 관계인지에 대해서만 좁게 보는 경향이 있다. 이와 달리, 지도성 실행과 교수학습의 관계는 학생, 교사, 교재 혹은 이 세 가지의 여러 가지 조합과 직접적으로 연결된 아주 다양한 활동을 통해서 연결될 수 있다. 그래서 분산된 실행으로써의 지도성을 이해하는 연구자라면 지도성과 교수학습 간의 관계를 알아보고자 할 때, 지도성 활동이 교사들과 어떻게 연결되어 있으며, 학생들과 교재—교사와

학생들이 함께 사용하는—가 어떻게 연결되어 있는지 살펴보아야
할 것이다. 저자의 연구에 따르면, 지도성 활동들 가운데 어떤 것들
은 교수학습에서 학생들과 직접적으로 연결되어 있었다. 반드시 교
사들을 통해야 하는 것은 아니었다.

11. 결 론

대부분의 경우에 지도성 실행은 한 사람을 통해서 이루어지는 것
이 아니다. 계획적이든 비계획적이든, 혹은 어떠한 필요에 따라서든
지도성 실행은 두 사람 이상과 관련되어 있다. 이렇지 않은 경우는
상상하기도 힘들 것이다. 오로지 혼자서 학교라는 복잡한 조직에 교
육의 개선을 가져오리라 기대하는 것은 현실적이지 못한 관점이다.
지도성이 마치 교장 혹은 몇 명의 공식적·비공식적 지도자들만이
하는 활동으로 여겨지는 경우가 너무 많았다. 학교 지도성의 다른
근원들은 무시되거나, 중요하긴 해도 교장이라는 진짜 지도성 뒤에
따라오는 이차적이고 부수적인 것으로 취급된다. 그러나 분산적 지
도성은 지도성 실행이 지도자와 구성원, 그리고 상황의 상호작용으
로 이루어지는 것이라는 관점을 제시하면서 지도성에 관한 기존의
사고방식에 대한 대안을 제시한다. 이것이 비록 학교 지도성을 어떻
게 개선해야 하는지에 대한 처방을 제공해 주지는 못하더라도, 지도
성에 대해서 새롭게 고려할 수 있는 분석틀을 제공하고 있는 것이

다. 이것은 우리가 과거의 전통적이고 널리 퍼진 학교 지도성에 대한 여러 처방들을 넘어, 기초 위에서 이 친숙한 현상, 즉 지도성의 본질에 좀 더 다가갈 수 있도록 해 준다.

제2장에서는 지도자 범위확대 측면에 대해서 다룰 것이며, 제3장에서는 지도성 실행 측면에 대해서 알아볼 것이고, 제4장에서는 분산적 지도성이 지도성 실행, 정책, 학교 지도자 양성과 개발에 어떠한 전략적 의의가 있는지 살펴볼 것이다.

후 주

1 '사이에(in between)'란 표현은 살로몬과 퍼컨스(Salomon & Perkins, 1998)에게서 빌려 온 것으로, 이들은 전문성이 분산되어 있다(distributed expertise)는 주장에서 이 용어를 사용하였다.

2 저자의 분산적 지도성 연구 초기에는 분산적 지도성과 변혁적 지도성이 상통하는 면이 있다고 주장하였으나, 계속되는 연구와 분석을 바탕으로 지금은 그 주장을 상당히 수정하였다.

⚜ 1장 요약* ⚜

  스필란은 1장에서 지도성을 한 개인의 특성이나 능력으로 보는
영웅적 지도성의 관점을 비판하고, 지도성을 지도자, 구성원, 상황
의 상호작용으로 이루어지는 실행으로 본다고 하며, 그것이 무엇인
지 설명하고 있습니다. 또한 분산적 지도성을 여러 명의 지도자들이
조직을 이끄는 것으로 보는 관점, 즉 지도자 범위확대도 불충분하다
고 지적합니다. 또한 늘 긍정적인 결과를 가져올 때만 지도성으로
인정하는 시각을 비판합니다. 지도성을 결과나 효과성과 분리해서
볼 때 더 정확하다는 것입니다. 또한 스필란은 '분산적이어야 좋은
지도성이다.'라고 말하는 것이 아닙니다. 지도성이 어떠해야 함을
주장하는 것이 아니라, 지도성을 바라보는 '관점'의 하나로서 분산
적 지도성 이론이 있다는 것을 말하고 있습니다.

---

* 여기의 내용은 원서에 나오는 것이 아니라, 역자들이 독자의 이해를 돕기 위해 자의적
  으로 작성한 것이다.

1. 지도성 실행의 구성요소

지도자	지도성 실행은 지도자들 사이에 분산되어 있다. 어느 한 명이 지도자가 되는 것이 아니라, 다양한 지위의 공식적 및 비공식적 지도자들이 있을 수 있다.
구성원	지도성 실행에서 구성원도 본질적인 요소다. 구성원이 없다면 지도성이라는 것도 없다. 지도자만 구성원에게 영향을 끼치는 것이 아니라, 구성원도 그러하다.
상황	상황은 지도성에서 무대 혹은 부속물이 아니라 본질적인 요소다. 상황은 정례업무와 도구를 포함하는 개념인데, 도구의 예로는 학생의 성적 데이터, 교사의 수업안과 같은 것들이다. 정례업무는 반복적·정기적으로 일을 하는 모임이나 그 절차를 뜻한다. 예를 들어, 정기적 교사 회의가 있다. 지도자들은 다만 '말'로 지도성을 발휘하는 것이 아니라, 이러한 도구와 정례업무를 통해서 구성원들을 이끌어간다.

2. 유사하게 여겨지는 지도성 개념과 분산적 지도성의 차이점

협동적 지도성	협동적 지도성은 분산적 지도성일 수 있지만, 모든 분산적 지도성이 반드시 협동적이 되는 것은 아니다. 지도성이 분산되어 있는데, 협동적이 아닐 수 있다. 예를 들어서, 교장이 특정한 학교개혁을 이끌어 가고자 할 때 교사들이 반대 방향으로 추진할 수도 있다. 이런 상황은 협동적 지도성이라는 개념으로는 설명할 수 없는 지도성이다.

합동 지도성	여러 지도자들이 함께 지도성을 발휘한다는 면에서 분산적 지도성의 일부분을 반영하고 있지만, 이 관점이 지도자 범위확대 측면에만 한정되어 있다. 또한 합동 지도성은 같은 목적과 비전을 갖고 있는 것을 전제로 하지만, 지도성이 분산적이라고 해서 반드시 지도자들이 같은 목표를 향해 가는 것은 아니다.
변혁적 지도성	첫 번째 차이점은 분산적 지도성이 지도성을 보는 '관점'이기 때문에 '분산적 지도성이 거래적 지도성보다 변혁적 지도성에 더 가까운 개념이다.'라는 주장은 오류다. 거래적이든 변혁적이든, 지도성은 분산되어 있는 것이다. 두 번째 차이점은 변혁적 지도성은 많은 경우 공식적인 지위의 지도자들을 중심으로 삼는 반면, 분산적 지도성에서는 다른 관리자나 교사들도 중심적 인물이 될 수 있다.

지도자 범위확대 측면
The Leader-Plus Aspect

1. 도 입

목요일 이른 아침, 시카고의 북서쪽 지역에 있는 백스터 초등학교 Baxter Elementary School에서 문해교육위원회literacy committee가 학교 도서관에서 한창 진행 중에 있다. 복도를 따라 6학년 교실 중 한 곳에서는 수학위원회mathematics committee가 개최되고 있는 중이다. 백스터 초등학교의 교장은 학생 평가 데이터를 장기간 분석해 오고 있었는데, 2~3학년 학생들의 성적이 대폭 떨어진 것에 자극을 받아 두 위원회를 만들게 되었다. 이 학교는 이러한 위원회의 모임을 정기적으로 실시하여 교수학습에서의 개선을 이끌어 보고자 하였다.

백스터 초등학교의 문해교육 담당자들, 사서교사[1] 그리고 교사 지도자들은 매주 모이는 문해교육위원회 및 기타 문해교육과 관련된 정기적 모임을 이끌고 있다. 예를 들면, 문해교육위원회장은 문해교육 담당자들과 교사 지도자들이 번갈아 맡아 왔다. 교사들은 필요가 생겼을 때나 기회가 주어졌을 때 다양한 일에 대한 주도적인 책임을 수행했다. 한편, 수학위원회에서는 수학을 전공한 6학년 담당교사가 그 정기적 모임을 이끌어 가는 핵심 인물이었다.

백스터 초등학교에서 각 교과목에 따라 매주 열리는 회의들은 교수활동을 이끌면서 교사들이 의사결정에 참여할 수 있도록 하는 모임이었다. 이 회의들은 학교조직의 잘 짜인 기반 구조의 한 부분으로 수업 지도성의 중심 역할을 하였다. 다른 정례업무에는 격월로 개최되는 학년단위 회의와 월간 간부회의가 있으며, 이 회의들은 각각 행정가, 전문가, 교사들의 다양한 조합을 통해 실행되고 있다.

---

1) 역자 주: 많은 미국의 공립학교에서는 사서교사(School Librarian)를 두고 있다. 사서교사의 요건은 주마다 다르지만, 보통 4년제 대학을 나오고 주에서 인정하는 교사 자격증을 갖추고 있거나, 문헌정보학 혹은 교육학에서 석사학위를 수료해야 한다. 사서교사는 단순히 도서관의 책을 관리하는 사서와는 달리, 도서관 이용자의 필요를 파악하고, 예산을 청구 시행하며, 나아가 독자적으로 혹은 교사들과 협동하여 교수학습 활동을 진행하기도 한다. 한국에서는 교육과학기술부에서 「학교도서관진흥법」을 2007년 12월에 제정하고 2008년 6월 19일부터 시행하고 있는데, 이에 따르면 "학교에 두는 사서교사 · 실기교사나 사서직원의 총정원은 학생 1,500명당 1명을 기준으로 산정한다."라고 명기하여 사서교사를 권장하고 있다. 미국 학교의 Librarian의 역량과 역할을 고려할 때 사서, 도서관원, 사서직원 등의 용어보다 사서교사가 가장 적합해 보인다.

2. 개 관

분산적 지도성은 교육계에서 논쟁이 뜨겁게 일어나는 주제이지
만, 이에 대해서 연구들이 더 필요한 상태다. 최근 분산적 지도성에
관련된 문헌들을 분석한 영국의 버넷(N. Bennett)과 그의 동료들은
분산적 지도성에 대한 경험적 지식기반이 매우 제한적이라는 사실
을 확인하였다(Bennett, Harvey, Wise, & Woods, 2003). 비록 다른
관점에서 수행된 연구들로부터 지도성이 무엇인지 상당 부분 추론
할 수 있더라도, 분산적 관점에서 본 지도성이 무엇인지는 많이 알
려지지 않았다. 분산적 지도성은 아직 초기 단계로서, 묘목만 있는
민둥산 같은 모습을 하고 있다. 분산적 지도성이 사회과학적 용어로
등장한 것은 꽤 오래된 일이지만, 학자, 학교 개혁가, 실무자들로부
터 지속적인 관심을 받게 된 것은 겨우 5~6년에 지나지 않는다.

분산적 지도성이 최근 떠오른 참신한 주제이기 때문에 학자들은
가설 검증이 아닌 이론 개발과 가설 생성에 초점을 맞춘다. 다시 말
해, 분산적 지도성이 교수학습에 가져오는 효과를 측정하는 것보다
분산적 지도성이 과연 무엇인가부터 파악하는 것이 더 우선시될 수
밖에 없다.

2장과 3장에서는 '분산적 관점에서 본 지도성이란 무엇인가?'라
는 질문에 중심을 두고 있다. 이 장에서는 주로 지도자 범위확대 측
면leader-plus aspect에 초점을 맞추고 있고, 다음 장에서는 지도성 실

행 측면leader practice aspect에 좀 더 관심을 가지고 살펴보고자 한다.

만약 분산적 관점에 따라 학교 행정가들에게서만 지도성이 발휘되는 것이 아니라고 본다면, 연구자들은 사람 사이에서 지도성과 그 책임이 어떻게 분산되어 있는지에 대해 관심을 갖게 될 것이다. 도입에서 소개된 사례는 백스터 초등학교의 행정가, 전문가, 그리고 교사들은 맡은 일이 달라도 이들이 참여하는 각종 정례업무routines와 교과 영역에 따라서 학교조직을 이끌어 가는 데 책임을 나누고 있었다. 문헌고찰과 선행연구를 통하여 이 장에서는 다음과 같은 네 가지 문제에 대한 답을 찾아보고자 한다.

- 누가 어떤 책임을 맡게 되는가?
- 어떠한 형식으로 지도성 책임이 분담되는가?
- 어떠한 요인으로 책임 분담이 결정되는가?
- 어떻게 영향력 있는 지도자로 여겨지는가?

3. 누가 어떤 책임을 맡게 되는가

지도성은 대부분의 경우 여러 사람들을 통해 수행된다. 여러 연구에 따르면, 교장이나 교감 이외에 여타의 공식적 지위를 가진 지도자들과 교사들이 여러 지도적 정례업무leadership routines와 기능에 대해 책임지고 있다고 밝혔다. 100개 이상의 미국 초등학교를 대상으로 최근 수행한 연구에서는 지도성 기능에 대한 책임이 전형적으로 각 학교마다 공식적인 지도자 지위를 가진 3~7명의 사람들에게 분산되어 있다는 사실을 보고하고 있다(Camburn, Rowan, & Taylor, 2003). 그러한 지위에는 교장, 교감, 프로그램 담당자나 진행자, 각 교과 담당자나 진행자, 멘토, 수석교사, 자문가teacher consultants,[2] 혹은 학부모 및 학생들의 가정을 지원하는 인력family outreach workers과 같은 '부가적인' 전문인력'auxiliary' professional staff 등이 있다. 헬러와 파이어스톤(Heller & Firestone, 1995)은 지도성을 특정한 행정적 지위에 제한된 것이 아닌 일련의 조직적 기능이라고 정의하고 있는데, 8개의 초등학교를 대상으로 한 연구에 따르면, 교육구 직원들과 외부 자문가들로 구성된 다수의 지도자가 지도성의 책임을 맡고 있다는 사실을 발견하였다.

몇몇 연구에서는 공식적인 지도자 지위에 있는 사람들의 범위를 더 확장하고 있다. 이러한 연구들은 교사 역시 지도성 기능과 정례 업무를 수행하는 과정에서 핵심적인 역할을 담당하고 있다는 설득력 있는 증거들을 제공해 준다(Heller & Firestone, 1995; Spillane, Diamond, & Jita, 2003). 헬러와 파이어스톤은 공식적인 지도자 지위를 가진 사람들이 어떤 기능을 수행할 때, 공식적인 지도자 지위를

---

2) 역자 주: 미국의 교육부 혹은 교육구에서 특정 교육 프로그램을 제시할 때, 프로그램의 내용 혹은 매뉴얼과 시행 비용뿐 아니라 개별 학교 상황에 맞게 조정할 수 있도록 도와주고, 제대로 시행되고 있는지 감독하는 전문가들의 도움도 함께 제공하는 경우가 많다. 이러한 전문가들이 교사자문가의 하나의 예가 될 것이다.

가지지 않은 사람들 역시 지도성 기능에 대해 책임을 지고 있다는 사실을 발견하였다. 교사들은 프로그램 비전을 유지해 나가고 비공식적으로 프로그램 실행과정을 확인하면서 일련의 지도성 기능에 공헌하고 있었다(Firestone, 1989; Heller & Firestone, 1995).

유사하게도, 호주의 학교들에 대한 연구(Crowther, Kaagan, Ferguson, & Hann, 2002)와 미국 및 캐나다 학교들에 대한 연구(Hargreaves & Fink, 2004)에서는 교사들이 자발적으로 혹은 협동적으로 지도성 기능과 업무에 대한 책임을 맡고 있었으며, 이와 함께 공식적인 지도자들의 전문성 부족이나 실수로부터 야기되는 지도성 공백을 보완하기 위한 노력도 하고 있음을 보여 주고 있다. 크로우더(F. Crowther)와 그의 동료들이 설명한 교외의 선비치Sunbeach 초 · 중학교의 경우가 좋은 예다. 이 학교에서 학습보조교사로 일하고 있는 로레타Loretta는 문해교육에 대한 통합적 접근에 관한 전문성 개발 워크숍에서 배운 것을 토대로 문해교육을 개혁해 보기로 결심했다. 로레타는 공식적인 교사가 아니었기 때문에 평소 자신의 생각을 다른 교직원들과 공유하도록 도와주는 교장선생님의 도움을 받았다. 처음에는 선비치 초 · 중학교의 교육과정 팀만이 관심을 표현했지만, 로레타의 헌신과 열정으로 점차 동료들로부터 관심을 받았고 마침내 결실을 맺었다. 얼마 후 교장선생님과 동료 한 명의 도움을 통해 선비치에 있는 여러 교사들은 로레타가 수정한 초 · 중학교 문해교육 프로그램에 참여하게 되었다(Crowther, Kaagan, Ferguson, & Hann, 2002).

또, 미국 4개 도시에 위치한 21개의 학교를 대상으로 연구한 포틴 (B. Portin) 등의 보고서에 따르면, 공식적인 지도자들뿐만 아니라, 지위에 관계없이 학교가 추구해야 할 방향에 관하여 영향력을 행사하고 있는 사람들에게도 지도성에 대한 책임이 분산되어 있다고 하였다(Portin, Schneider, DeArmond, & Gundlach, 2003). 초등학교와 중등학교들을 대상으로 한 이 연구에서는 지도성에 대한 분산된 책임의 양태가 초등학교에만 한정되는 것이 아니라는 사실을 보여 주었다.

시카고에 있는 초등학교K-5,[3] 그리고 초등학교와 중학교 과정이 함께 있는 학교K-8[4] 13개를 대상으로 한 분산적 지도성 연구Distributed Leadership Study[5]에 따르면, 지도성은 공식적인 지위와 비공식적인 지도자 지위, 즉 교사들에게도 분산되어 있다는 것을 보여 주고 있다. 그러나 이 연구에서는 지도성 기능들을 수행하는 것에 관한 자기보고서self-reports에 주된 초점을 두고 있기 때문에 책임의 분산을 왜곡하여 추론할 가능성이 있다. 이 연구에서 발견한 것은 학교에서 이루어지고 있는 지도적 정례업무를 분석한 결과, 많은 정례업무들이 학교를 이끌어 가기 위한 다양한 기능을 발휘하기 위해서, 혹은 앞으로 그럴 가능성을 위해서 고안되었다는 사실이다. 아담스 학교

---

3) 역자 주: 1장의 각주 8) 참조.
4) 역자 주: 1장의 각주 8) 참조.
5) 역자 주: 1장의 각주 9) 참조.

Adams School의 지도자들은 교사 개발을 지원하고, 교직원 간의 전문적 교사 공동체professional community를 만들기 위해 조찬회의Breakfast Club라는 정례업무를 개발하였다. 이와 유사하게, 학교 지도자들은 수업을 모니터하기 위해 5주단위평가Five-Week Assessment라는 정례업무를 고안하였고, 나중에 이것은 아담스 학교에서 교사의 능력 개발에 필요한 사항을 확인하는 중요한 수단이 되었다. 하나의 지도적 정례업무가 세워지면 다양한 지도성 기능을 뒷받침할 수도 있다. 한가지 덧붙일 것은 좋은 의도나 잘 짜인 계획대로 일이 진행되는 것은 아니다. 또한 연구자가 일상의 정례업무를 수행하는 것을 관찰한 자료와 지도자를 인터뷰하거나 서베이survey를 한 자료가 늘 일치하는 것도 아니다.

지도성이 공식적인 지도자들과 비공식적 지도자들 사이에 분산되어 있다고 할 때, 이는 학교에 있는 모든 사람들이 모든 지도성 기능이나 정례업무에 관여하고 있음을 의미하는 것은 아니다. 지도성 기능이나 정례업무에서 볼 때, 지도성의 분산은 교과목, 학교의 유형, 학교의 크기, 그리고 학교나 학교 지도성을 위한 팀의 개발단계에 따라 다르다. 다음에서 이들 각각에 대해 보다 상세히 설명하고자 한다.

1) 지도성 기능에 따른 분산

교장과 교감은 다른 공식적인 지도자 지위를 가진 사람들과 비교해 볼 때, 기본적으로 수업 지도성instructional leadership 기능, 학교건물이나 물품관리building management 기능, 그리고 경계관리boundary spanning 기능—예를 들면, 자원을 마련하거나, 교육구 직원과 학부모들과 같은 외부 구성원과의 관계를 설정 혹은 유지하는 것에 초점을 두는 기능—을 포함하는 광범위한 기능을 수행한다(Camburn, Rowan, & Taylor, 2003). 대조적으로, '종합적 학교혁신Comprehensive School Reform: CSR 프로그램'과 관련된 코치들은 학교건물 및 물품관리 기능이나 경계관리 기능에 상대적으로 적은 시간을 할애하면서 수업 지도성에 집중한다.[1] 그러므로 교장과 교감은 수업, 학교건물 및 물품관리, 경계관리 기능에 초점을 맞추어 학교경영 전반을 맡아야 하지만, CSR 코치 지위(CSR 프로그램 관련 코치 지위)나 공식적인 지도자 지위—예를 들면, 수석교사나 교과 영역 담당자들—에 있는 사람들은 특정영역을 맡아서 이끄는 경향이 있다. 예를 들면, CSR 코치들은 다른 지도성 기능들보다는 수업 지도성 기능을 수행하는 데 우선순위를 둔다.

또한 수업 지도성을 위한 책임의 분화는 특정한 기능에 따라 달라진다. CSR 코치들은 교수능력 개발instructional capacity building을 중시하는 반면, 교장은 수업 목표 설정과 수업개선을 확인하는 일에 우선순위를 두는 것으로 보고되었다(Camburn, Rowan, & Taylor, 2003). 교육구 행정가들이 학교 지도성에 관여하였을 때, 그들은 특정한 기능을 수행하는 경향이 있다. 교육구 직원들은 전형적으로 프로그램 실행과정을 확인하거나 장애가 되는 사항을 다루는 등의 기능에는 관여하지 않았다(Heller & Firestone, 1995).

저자의 분산적 지도성 연구에서는 분산의 범위가 특정한 정례업무에 따라 다르다는 사실을 제안하고 있는데, 앞의 사례가 이를 뒷받침해 주고 있다. 특히 학급 수업에 대한 형성평가formative evaluation[6]나, 적게는 비공식적인 수업 모니터링과 같은 정례업무는 단지 한두 명의 지도자(일반적으로 교장과 교감)만이 관여하는 경향이 있다. 이와는 대조적으로, 교사 개발과 같은 지도적 정례업무의 수행에서는 일반적으로 공식적인 지도자들 외에 더 많은 지도자들이 참여하고, 교사들과 학교 외부로부터 온 사람들도 참여한다. 저자의 연구에서 언어과목을 위한 교사전문성 개발은 보통 교장과 교감, 공식적인 지도자(문해교육 담당자, 교사 지도자, 외부의 자문가나 교육구 직원)가 참여하고 있었다.

2) 교과목에 따른 지도성 분산

공식적 지도자들과 교사들 사이에서 지도성의 분산은 교과목에 따라 다르다(Spillane, Diamond, & Jita, 2003). 저자의 분산적 지도

---

6) 역자 주: 교장이나 교감과 같은 교육행정가가 교사의 교수활동을 평가하는 것으로 크게 두 가지 양식으로 나눌 수 있다. 형성평가(formative evaluation)와 총괄평가(summative evaluation)인데, 이는 상대적 개념이다. 형성평가는 교사의 수업 중간중간에 그 실행을 개선하고 조정할 수 있도록 평가하는 것이고, 총괄평가는 학기말과 같은 일정 기간이 지난 다음에 교사의 교수능력과 기능을 평가하여 자격을 부여하거나 성적을 주기 위해 하는 평가다.

성 연구에 따르면, 지도적 정례업무에 여러 사람들이 참여하고 있으며, 공식적인 지도자들이 참여하는 정도는 교과에 따라 다르다는 사실을 발견하였다. 언어과목에 대한 전문성 개발이나 교육과정 개발에는 수학이나 과학과목보다 더 많은 지도자들—공식적인 지도자들과 교사 지도자들—이 참여하였다. 정례업무의 성격과 학교의 상황에 따라 보통 2~5명의 지도자들이 언어과목 수업의 향상을 위한 지도적 정례업무에 참여하고 있었다. 이와는 대조적으로, 수학과목에 대해서는 2~3명의 지도자들이 참여하고, 과학과목에 대해서는 1~2명의 지도자들이 책임을 맡고 있었다. 언어과목, 수학, 과학을 위한 지도적 정례업무에 교장과 교감들이 어느 정도 참여하는가를 살펴보면, 언어과목이 가장 많았고, 수학, 과학순이었다.

그러므로 지도성의 분산은 부분적으로 과목 영역에 따라 달라진다고 말할 수 있다. 과목 영역의 차이는 부분적으로 학교 지도자들이 과목에 우선순위를 두는 정도가 다르기 때문에 나타난 결과다. 초등학교 행정가들과 교사들에게 과학은 결코 문해교육이나 수학에 비해 우선시하는 과목이 아니다. 그러나 초등학교든 중등학교든 관계없이 양쪽 모두 교과목에 따라 업무의 양식이 달라지는데, 이는 지도성이 분산되는 양태에도 영향을 미치고 있다(Ball, 1981; Little, 1993; Siskin, 1994; Spillane, 2000; Stodolsky, 1988, 1989; Stodolsky & Grossman, 1995).

3) 학교 유형에 따른 지도성 분산

공식적 지도자들과 교사들 사이에서 여러 지도성 기능과 정례업무에 대한 책임의 분산은 학교의 유형—공립, 사립, 차터 스쿨charter Schools[7], 가톨릭 또는 마그넷 스쿨[8]—에 따라 다르게 나타난다.

7) 역자 주: 차터 스쿨(charter school)은 일반 공립학교처럼 국가와 주정부의 재정으로 바탕으로 세워지고 학생들로부터 학비를 받지 않는다. 그러나 다른 점은 이 학교에 지원하여 입학한 학생들의 숫자만큼만 자금이 주어진다는 점이다. 또한 주정부가 세운 교육과정에 기본적인 사항은 따라야 하지만, 보통의 공립학교보다 많은 자율권이 주어진다. 즉, 주정부의 교육법령과 규제들에 매이지 않고 학교 자체의 헌장(charter)에 따라서 운영된다. 1990년대 초에 시작된 차터 스쿨은 기존의 공립학교들을 개혁해 보기 위한 시도에서 시작되었다. 1991년에 미네소타 주가 차터 스쿨법을 통과시킨 이후, 2008년을 기준으로 미국의 41개 주에서 차터 스쿨을 허용하고 있다. 보통의 공립학교와 다른 특수한 교과과정이나 환경을 갖는데, 예를 들어서 수학에 중점을 두거나 미술에 중점을 둘 수도 있다. 혹은 주요 교과목 위주로 운영될 수도 있고, 특정 교과 과정을 도입해서 실시할 수 있다. 또는 영어와 제2언어를 동시에 사용하는 학교가 될 수도 있다. 학교는 학부모들 혹은 교사들, 또는 시민들이 세울 수도 있고, 주정부가 지역에 해당하는 교육구와 상관없이 독자적으로 운영할 수 있는 학교로 세울 수도 있다.

8) 역자 주: 마그넷 스쿨(magnet school)은 공립학교이나 학생들을 끌어당길 만한 특성화 프로그램을 실시하는 학교들을 지칭한다. 원칙적으로는 자신의 거주지에 해당하는 학군(보통 자기 집에서 거리상 가장 가까운 학교) 안의 학교를 가야 하지만, 마그넷 스쿨의 프로그램이 마음에 들어서 지원하고 선발되면 학생들은 자신의 학군 밖의 학교라도 진학할 수 있다. 예를 들어, 어떤 교육구(school district)에서 자신의 지역 내에 마그넷 스쿨을 설립하면, 그 교육구 내의 학생들은 어떤 학군에 속하든지 상관없이 마그넷 스쿨에 지원해 볼 수 있다. 혹은 주정부에서 세운 학교라면, 그 주 안에서 학생들은 자신의 교육구가 아니더라도 진학이 가능하다. 마그넷 스쿨은 1970년대에 등장했는데, 백인들은 교외로 빠져나가고 도시 중심에는 흑인이나 소수민족들이 집중하게 되면서 인종별로 거주지가 확연하게 분리되자, 공립학교에서 나타나는

포틴, 슈나이더, 드아몬드, 그리고 건들라크(Portin, Schneider, DeArmond, & Gundlach, 2003)는 미국의 21개 학교를 대상으로 한 연구에서 누가 책임을 맡는가는 부분적으로 학교의 유형과 지도성이 행사되는 영역에 따라 다르다는 사실을 밝혀냈다. 포틴과 그의 동료들은 학교의 유형에 관계없이 지도성은 일곱 가지 중요한 영역(수업, 문화, 관리, 인적 자원, 전략적 계획, 외부 개발, 그리고 미시정치Micropolitics) 에 필수라고 주장하면서, 이러한 영역들에서의 지도성 책임은 지도성 실행이 일어나는 학교의 유형에 따라 다르게 나타난다는 사실을 알아냈다.

7개의 주요 지도성 영역에서 사립이나 차터 스쿨, 마그넷 스쿨과 같은 새 유형의 공립학교entrepreneurial schools[9])의 지도자들은 일반 공립학교 지도자들보다 더 지도성의 책임을 분산시키고 있는 것으로 보인다. 특히 사립과 새 유형의 공립학교 교장들은 문화, 전략적 비전, 그리고 인적 자원의 영역에서 지도성에 더 많은 공헌을 하고 있는 것으로 보였다. 몇몇 공립학교의 교육구 직원은 인적 자원과 수업 지도성에 관련된 역할을 맡고 있었던 반면, 몇몇 사립학교에서는 관리적인 지도성이 교육위원들을 통해 부분적으로 제공되었다. 학

인종분리 경향을 지양해 보고자 시작된 것이다.

9) 역자 주: entrepreneurial schools이란 용어는 차터 스쿨이나 마그넷 학교 같은 공립학교 가운데서, 사립처럼 경쟁의 원리를 도입한 학교를 지칭하는 대명사로 쓰이기도 한다. '기업적 학교, 창업적 학교'라고 표현할 수도 있지만, 이 번역서에서는 새 유형의 공립학교로 풀어 적었다.

교의 유형에 따라서 지도성 업무에 대한 책임의 분산이 어떻게 달라지는가에 대해서는 분명한 관계를 발견할 수 없었다. 다만, 학교에 자리 잡고 있는 관리방식이나 정책 시스템에 따라서 학교의 지도성이 어떻게 나누어지는지 달라진다고 볼 수 있다.

4) 학교 규모에 따른 지도성 분산

학교의 규모는 공식적 지도자들과 교사들 간의 지도성 분산에 영향을 미치는 것으로 나타나고 있다. 100개 이상의 미국 초등학교를 대상으로 한 연구에서, 일반적으로 학교의 규모가 크면 클수록 지도성에 대한 책임을 분산시키는 공식적인 지도자들의 수가 더 많다는 사실을 발견하였다(Camburn, Rowan, & Taylor, 2003). 그러나 이 연구는 오직 공식적인 지도자들에게만 초점을 맞추고 있고, 비공식적 지도성—예를 들면, 주도적 책임을 맡고 있는 교사들—은 연구에 포함시키지 않고 있었다. 규모가 큰 학교들은 지도성 업무의 양을 줄이려고 하기 때문에 작은 규모의 학교보다 훨씬 더 많은 비공식적 지도성을 가질 수 있다. 학교의 발전단계와 같은 여러 요인들도 여전히 비공식적 지도자들 사이에서 지도성의 분산에 영향을 미치는 것으로 보인다.

5) 발전단계에 따른 지도성 분산

하나의 학교 또는 학교 지도부의 발전단계는 공식적 지도자들과 교사들 사이의 지도성의 분산에 영향을 미치는 것으로 보인다. 시간이 핵심변수다. 영국에서 수행된 공유 지도성shared leadership에 관한 알마 해리스(Alma Harris)의 연구에서 시간은 지도성 기능과 정례업무를 수행하기 위한 분담방식arrangements을 이해하는 데 시간이 중요한 요소임을 밝히고 있다. 특히 교장들은 몇몇 고정된 '이상적'인 지도성 접근에 의존하기보다는 발전적인 궤도를 따라 움직이는 학교에 알맞은 분산적인 지도성 접근을 채택하였다(Harris, 2002). 학교가 변화과정을 통해 서서히 발전되어 감에 따라 학교 지도자들의 주도적 책임의 분산 역시 변화되어 간다.

마이클 코프랜드(Michael Copland)도 같은 점을 강조하고 있다. 즉, 학교조직에서 지도성은 시간의 흐름에 따라 그 분산된 형국이 달라진다. 이는 현재 그 학교조직이 발전단계 가운데 어디쯤에 도달해 있는지에 따라 지도자의 역할도 변하기 때문이다. 코프랜드의 연구는 학교 전체의 변화를 가능하게 하기 위해 학교의 문화를 개혁할 목적으로 고안된 개혁운동인 베이 지역 학교개혁공동체Bay Area School Reform Collaborative: BASRC에 소속된 86개 학교를 포함하고 있다 (Copland, 2004). BASRC의 변화이론은 학교 지도성에서 기능적 전문성과 분산의 중요성을 인정해야 한다는 생각에 기초하여 만들어졌다. 이 학교들의 조사 내용을 분석하면서, 코프랜드는 학교의 세 가지 발달단계—시작단계, 중간단계, 전문적 단계—를 확인하였고, 공식적 지도자들과 교사들 사이에서 지도성의 분산은 그 학교의 단계에 따라 다르다는 결론을 내렸다. 개혁작업 초기에 공식적 지도자들, 특히 교장과 BASRC 담당자는 학교의 주요 의제에 대한 개혁에 착수하고 이를 지속시키는 것에 비판적이었다. 이 단계에서 지도성 팀은 주로 교장의 대변인의 역할을 하였다. 시간이 지남에 따라 공식적 지도자들과 비공식적 지도자들 사이에서 지도성의 분산을 지원해 주는 새로운 구조가 나타났고, 그 과정에서 지도자의 역할들은 변화되었다. 경험은 사람들로 하여금 특정 역할에서 보다 효과적으로 수행할 수 있도록 만들어 주며, 그것은 여러 사람들 사이에서 지도성의 분산이 이루어질 수 있는 기회를 만들어 주었다(Copland, 2004).

4. 어떠한 형식으로 지도성 책임이 분담되는가

학교는 공식적 지도자들과 비공식적 지도자들 사이에서 지도성을 분산시키기 위한 다양한 분담방식을 가지고 있다. 여러 가지의 지도성 기능과 정례업무를 수행하기 위한 책임의 분산은 수중발레나 육상계주처럼 항상 유사한 것은 아니다. 몇몇 방식은 육상계주와 유사하기도 하지만, 대부분의 분담방식은 축구나 농구에 더 가깝다.

연구 결과는 최소한 세 가지 분담방식을 제안하고 있다.

- 분업Division of labor
- 공동 수행Co-performance
- 병행 수행Parallel performance

한 학교에 몇 가지 유형의 분담방식이 함께 존재할 수도 있으며, 이는 지도성 기능이나 정례업무에 따라 다르다.

1) 분 업

지도자 지위에 있는 사람은 특정한 한 가지 기능만 맡고 있는 것이 아니다. 여러 지위에 있는 지도자들은 지도성 업무를 명확하게 분업하기보다는 그 지위들 사이에서 상당 부분 중첩되고 있는 다양한 지도성 기능들을 수행하고 있다(Heller & Firestone, 1995).

분산적 지도성 연구를 통해서, 연구자들은 지도적 정례업무 가운데, 특히 교사평가와 학생훈육과 관련하여 일부 분업이 이루어지고 있는 것을 발견하였다. 많은 학교에서, 교감은 중요한 지도성 기능인 질서와 안전한 학교환경을 유지하기 위해 학생훈육의 주된 책임을 맡고 있다. 다음은 아담스 학교의 사례다. 브렌다 윌리엄스Brenda Williams 교장은 교장 경력 초기에 모든 것에 대해 책임을 질 수는 없다는 사실을 깨달았다. 학생훈육과 학생출석은 윌리엄스 교장의 사고방식에서 중요한 지도성 기능이었지만, 만약 자신이 수업을 개선시키는 일에 더 집중하고자 한다면 아담스 학교에 있는 다른 지도자들이 훈육을 맡도록 하는 것이 더 적절했다. 교장이 수업개선을 맡고 교감이 훈육을 맡는 것은 전형적인 모습은 아니다. 예를 들어, 교감으로 하여금 수업과 관련된 문제를 이끌어 나가도록 하면서 자신은 학생훈육의 문제를 담당하는 교장이 있었다. 지도성 업무와 관련하여 명확한 분업은 학교 운영에서 일반적으로 나타나는 절차는 아니다. 만약 그러한 명확한 분업이 있다 하더라도 예측 가능한 유형을 확인하기란 쉽지 않다.

2) 공동 수행

두 번째 분담방식은 둘 또는 그 이상의 지도자들이 지도성 기능이나 정례업무를 협동적인 방식으로 수행해 나가는 것이다. 그러므로 지도성은 공동으로 수행된다(Gronn, 2003; Spillane, Diamond, & Jita, 2003). 분산적 지도성 연구에 따르면, 교사 개발, 교육과정 개발, 교재선택, 학교발전계획서 수립과정 등 여러 지도적 정례업무들에서 공동 수행이 이루어지고 있는 사실을 발견할 수 있다. 공식적인 지도자들, 교사들 그리고 가끔은 학교 외부 사람들까지도 함께 일하면서 지도적 정례업무를 수행하거나 지도성 기능을 실행해 나가고 있다(Gronn, 2003; Heller & Firestone, 1995).

3) 병행 수행

지도자들이 언제나 협동적인 방식으로만 일하는 것은 아니다. 지도자들은 같은 지도성 기능이나 정례업무에서 종종 병행해서 일하기도 하고, 그러면서 다른 사람의 일을 이중으로 하기도 한다. 그러므로 세 번째 분담방식은 사람들이 똑같은 기능이나 정례업무들을 다양한 지도자들 사이에서 조정하는 일 없이 수행해 나가는 것이다. 지도자들은 똑같은 지도성 기능을 수행해 나가면서, 똑같은 지도성 업무를 병행 및 중복해서 수행한다(Camburn, Rowan, & Taylor, 2003; Gronn, 2003). 중복이 언제나 나쁜 것은 아니며, 나름의 장점이 있다. 예를 들어, 수업개선을 위한 비전을 교사들에게 알리고 설득하는 일은 한 명의 지도자가 아닌 여러 명의 지도자들이 각각의 위치에서 행할 때 그 비전을 강화하는 데 도움이 될 수 있고, 잠재적으로 반대하는 교사들에게까지 효과를 거둘 수 있다. 그러나 병행해서 일을 할 때 지도자들은 서로 다르거나 심지어 혼동되는 수업 비전을 제공할 수도 있다.

4) 지도성 분담방식에서의 목표와 수단

지도적 책임에 대한 세 가지 분담방식—분업, 공동 수행, 병행 수행—은 지도자들이 같은 목표를 향해 노력하게 할 수 있지만, 동시에 같은 지도성에 대한 책임을 맡게 함으로써 지도자들은 다른 목표, 심지어는 혼동되는 목표를 향해 노력하게 할 수도 있다. 한 학교의 지도자 또는 지도자 그룹은 같은 학교에서 하나의 수업 비전을 추진해 나갈 수 있는 반면, 또 다른 지도자나 지도자 그룹은 다른 수업 비전을 설득하기 위해 병행해서 일을 하게 된다. 따라서 사람들은 다르거나 반대되는 목표를 증진하려는 목적에서 같은 지도적 정례업무를 수행해 나갈 수도 있다.

학교 지도자들은 의견이 대립되고 서로 밀고 당기기를 할 수도 있다. 저자의 분산적 지도성 연구에서 코스튼 학교Kosten School는 이에 대한 좋은 예다. 새로 부임한 교장과 교감이 새로운 정례업무를 추진하여 수업에서 다루어야 할 교과내용과 성적에 관련된 일을 표준화하고자 시도하였다(제1장 참조). 그러나 기존 교사들 가운데 몇몇 경험 많은 핵심적 인물들이 현 상태를 유지하기 위해 반대하였다. 즉, 코스튼 학교에서 지도성 업무는 공식적인 지도자들과 교사들 간에 분산되었던 반면, 다른 지도자들은 반대하는 모순이 일어나고 있었다. 학교와 학교변화에 관한 문헌들은 공식적인 지도자들과 교사들이 다르거나 아예 상반된 목표들을 달성하기 위해 지도적 정례업무를 수행하는 수많은 지도싱의 생생한 예를 제공해 주고 있다(Firestone, 1979).

마찬가지로, 지도자들이 공동 수행이나 병행 수행을 할 때, 그들이 사용하는 전략이나 맡게 되는 역할 또한 지도자들마다 다를 수 있다. 그러나 다른 수단이 언제나 상반되는 것은 아니다. 착한 경찰과 나쁜 경찰의 상황을 떠올려 보아라. 두 유형의 경찰 모두 죄수에게 자백을 받기 위한 목표를 가질 수 있지만, 그들이 심문을 공동으로 수행해 나갈 때 다른 전략을 구사하면서 서로 다른 역할을 맡을 수 있다. 둘 또는 그 이상의 사람들이 같은 지도적 정례업무를 수행해 나갈 때도 유사한 상황이 일어날 수 있다.

5. 어떠한 요인으로 책임 분담이 결정되는가

앞에서 지도성의 책임이 어떻게 배분되는지에 대해서 살펴보았는데, 이외의 또 중요한 문제는 지도성의 분산이 무엇으로부터 영향을 받아 달라지는가다.

첫째, 공식적 지위의 지도자들과 비공식적 지도자들의 개인적 혹은 공동의 결정으로, 교육구나 교육청같이 학교 울타리 밖에 있는 개인 및 기관들의 영향으로 지도성의 분산이 달라질 수 있는데, 이는 계획적으로by design 분산에 변화가 오는 것으로 볼 수 있다. 그러나 모든 지도성 분산이 공식적 법령이나 지도자들의 개인적 의사결정을 통해 나타나는 것은 아니다. 둘째, 지도성 기능과 정례업무에 대한 책임의 분산은 또한 공식적 지도자들이나 교사 지도자들이 몇몇 지도적 정례업무나 기능에 대한 책임을 개인적으로 또는 집단적으로 맡게 될 때 비계획적으로by default 달라질 수 있다. 지도자들 사이에서 지도성 분산은 사람들이 서로의 장단점을 알게 되고, 신뢰를 쌓고, 지도성을 분산하는 데 도움이 되는 업무관계를 형성해 나가면서 서서히 전개되어 간다. 셋째, 지도성의 분산은 학교가 예기치 않았던 문제들이나 도전에 직면하게 되는 위기를 통해through crisis 나타날 수 있으며, 공식적 지도자들과 교사들은 이를 다루기 위해 함께 일해 나가면서 발견하게 된다. 이러한 여러 가지 메커니즘은 상호 배타적이지 않고, 서로 협력하고 상호작용하면서 일해 나간다.

1) 계획적으로 분산된 지도성

공식적인 지도자들과 교사들은 공동으로 혹은 개인적으로 계획적인 의사결정을 통하여 학교의 지도성 기능과 정례업무의 수행을 위한 책임의 분산에 영향을 줄 수 있다. 이러한 분산은 두 가지 방식중 하나로 일어날 수 있다. 하나는 공식적인 지도자 지위를 만들거나 현재의 지위를 재구성하여 공식적인 지도자들과 교사들 사이에서 지도성의 분산이 이루어지게 할 수 있다. 다른 하나는 지도성에 대한 책임의 분산을 가능하게 하고, 교사들을 지도자로 개발할 수있는 구조나 정례업무를 만드는 것 역시 지도성의 분산에 영향을 줄수 있다.

저자의 분산적 지도성 연구에 참여한 초등학교들에서, 학교 지도자들은 학교의 지도성 기능과 정례업무에 대한 책임을 분산시키기위하여 새로운 지도자 지위들을 만들거나 현재의 지위에 대한 직무기술을 다시 썼다. 자신들이 모든 지도적 정례업무를 수행해 나갈수는 없다는 사실을 깨달으면서, 학교 지도자들은 새로운 지도성을 위한 공식적 지위들을 만들거나 현재의 지위들을 재설계함으로써 다른 사람들의 지원을 적극적으로 이끌어 냈다. 예를 들면, 아담스 학교에서 윌리엄스 교장은 학생들을 훈육하고 학생들이 제때 출석하도록 하는 책임을 맡게 하기 위하여 다른 지도자들을 배치하였다. 이것은 윌리엄스 교장이 교실수업의 질을 개선하는 것과 직접적으로 관련이 있는 지도성 활동에 초점을 맞출 수 있도록 해 주기 때문에 매우 중요하였다. 학생훈육과 학생출석은 윌리엄스 교장에게 매우 중요한 것이었지만, 윌리엄스 교장은 그것들을 적절하게 다룰 수 없었고, 여전히 수업을 개선하는 데도 상당한 시간과 노력을 기울이고 있었다.

어떠한 업무를 이끌어 나가는 것을 서로 분담해서 일한다고 해서 그때마다 새로운 직책을 만들어 낼 필요는 없을 것이다. 일반교사 혹은 수업시간을 감면받은 교사들이 교사라는 지위를 그대로 갖고 있으면서 지도자의 역할을 감당했다. 분산적 지도성 연구에 참여한 학교들에서, 이러한 역할에는 학년단위 지도자, 문해교육 또는 읽기교육 선임교사, 수학 선임교사, 지역 학교운영위원회 대표, 방과후 학교 프로그램 담당자, 그리고 다른 과목별 교사 지도자들 등이 포함되어 있었다. 이러한 역할을 담당하고 있는 교사들은 교수활동 시간을 감면받아 왔다. 다른 교사들은 이들이 지도적 책임들을 처리하는 동안 가르치는 일에만 전념하였다. 역할을 담당하고 있는 교사들은 추가적인 보상을 받았지만, 다른 교사들은 받지 않았다.

교사들이 이러한 지도성 역할을 담당하게 되는 방법도 지위와 학교에 따라 달랐다. 어떤 학교에서는 투표를 통하여 선택하기도 하였고, 어떤 곳에서는 전적으로 자원한 사람들을 임명하기도 하였다. 학교마다 다르지만 문해교육이나 수학담당 교사, 학년주임과 같은 몇몇 지위에 대해서는 일반적으로 지위가 높은 행정가들의 선발, 자발적 지원, 그리고 교직원 선거 등의 조합으로 실시되고 있었다. 어떤 지위들은 자원자들이 지도자 역할에서 요구하는 모든 의무사항을 충족시키는 것 이상의 방법을 요구하면서까지 매우 인기 있었던 반면, 별로 인기가 없는 지위들도 있었다. 학교 지도자들이 교사 지도성을 개발할 목적으로 교사들을 고용하는 일도 있었다. 예를 들면, 아담스 학교에서 새로운 상위학년 과학교사의 채용은 과학에 대한 교수능력뿐만 아니라 학교의 과학교육을 위한 지도성을 제공할 수 있는 능력에도 초점을 맞추었다.

교사들로 하여금 지도적 책임을 맡을 수 있도록 하고, 지도성 기술을 발휘할 수 있도록 해 주는 구조와 정례업무를 만드는 것은 지도성의 기능과 정례업무를 위한 책임의 분산에 도움을 줄 수 있다. 헬러와 파이어스톤(Heller & Firestone, 1995)은 자신들의 연구에 참여한 학교들의 일부에서 교사 지도성이 개혁의 실행을 지원하기 위해 신설된 교사위원회를 통하여 개발되었다는 사실을 밝혀냈다. 이와 유사하게, 분산적 지도성 연구에 참여한 몇몇 학교에서도 지도자들은 교사들이 몇 가지의 핵심 지도성 기능들을 위한 책임을 담당하게 하는 다양한 구조들을 고안하고 실행하였다. 예를 들면, 아담스 학교에서 윌리엄스 교장과 지도부는 교사들의 전문성 개발을 위해 조찬회의를 창안해 내었다. 조찬회의의 목적은 교사들이 서로의 의견을 교환하고 토론을 마음껏 할 수 있게 하는 것이었다. 백스터 초등학교의 랜스 스턴Lance Stern 교장은 '교사 지도성을 개발하는 것'에 전념하기 위해, 교사들이 학교의 수업개선을 이끌어 나갈 수 있도록 잘 짜인 기반을 만들었다. 이 기반은 각 학년마다 한 명씩 선출한 교사들로 구성된 간부회의, 격월 학년회의, 문해교육 분과위원회, 그리고 수학 및 과학 분과위원회 등을 포함한다. 교사들은 이러한 각각의 회의들에서 활발한 역할을 수행하고 있다. 교직원 지도성 그룹은 학교개선계획, 예산편성, 전문적 공동체 형성 등 전체 학교의 주도권에 초점을 맞추고 있는 반면, 분과위원회는 특정한 교과목들에서의 개선을 이끌어 나가는 데 초점을 두고 있다. 스턴 교장의 관점에서, 교사 지도성은 수업을 위한 지도성을 개발하는 데 중요한 요소였으나, 교사 지도성은 그것이 가능하도록 해 주는 하위구조가 없다면 일어나지 않는 것이기 때문에 그는 하위구조를 만드는 데 힘썼다.

교사들로 하여금 지도적 책임들을 수행해 나가도록 함으로써 지도성에 대한 책임을 분산시키는 데 공식적인 구조가 도움이 된다는 사실을 밝혀 왔지만, 공식적인 구조는 필요조건이 아닐 수도 있다. 학교의 문화를 변화시키는 것 또한 교사 지도성을 위한 조건을 갖추는 데 중요한 것이 될 수 있다(Heller & Firestone, 1995). 학교에서 교사들이 지도적 책임들을 수행해 나가는 것을 가능케 하거나 지원해 주기 위한 전문적 규범을 만들어 내는 것은 공식적 지도자들과 교사들 사이에서의 지도성 분산에 기여해 왔다고 여겨지고 있다(Hargreaves, 1991; Harris & Lambert, 2003; Little, 1990; Rosenholtz, 1989).

또한 여러 연구들(Rogoff, Turkanis, & Bartlett, 2001)은 학부모 CSR 프로그램과 같은 외부 기관들(Camburn, Rowan, & Taylor, 2003), 정책환경(Portin, Schneider, DeArmond, & Gundlach, 2003) 등이 학교의 지도성 분산을 가능케 한다고 제안하고 있다. 예를 들면, 캠번, 로완 그리고 테일러(Camburn, Rowan, & Taylor, 2003)는 CSR 프로그램을 시행하고 있는 학교들은 프로그램을 시행하지 않는 학교들에 비해 공식적 지도자 지위들을 다르게 설정하고 있다는 사실을 제안하였다. 게다가, 관련 특정 지위들이 필요한 CSR 프로그램들에 참여하는 것은 수업에 대한 더 높은 수준의 지도성을 포함하는 것이다. 그러나 '미국의 선택America's Choice'과 '다함께 성공하기Success For All'[10]와 같은 프로그램은 '학력차이 단축 프로그램 Accelerated Schools Program'[11]과 그 연구에서의 비교대상이 되는 학교들보다 더 많은 지도성 지위를 만들어 내고 있어 CSR 프로그램들 사이에서도 차이를 보였다. 미국의 선택과 다함께 성공하기 프로그램

---

10) 역자 주: 미국 Johns Hopkins University(1999)의 Bob Slavin와 Nancy Madden 을 비롯한 다른 학자들이 개발한 Success For All(SFA)은 초등학생의 영어 읽기, 쓰기 능력 향상을 위해 교과내용뿐 아니라, 교수학습 환경과 방법에 대해 다루고 있는 프로그램이다. 참조: http://www.successforall.net/

11) 역자 주: 학력차이 단축 프로그램은 위기 아동과 주류 아동 간 학업성취도 차이를 줄이기 위한 노력으로 Hank Levin이 개발하였다. 이 프로그램은 조사, 계획, 팀 활동, 부모와의 작업 등 광범위한 훈련을 포함하고 있다. 출처: info@ncrel.org

에 참여하는 학교들은 약 4명의 지도자들이 있었던 반면, 학력차이 단축 프로그램에 참여한 학교들과 비교대상이 되는 학교들은 평균 2.5명의 지도자들이 있었다.

2) 비계획적으로 분산된 지도성

지도성은 교장, 수석교사들 또는 다른 행정가들의 거대한 계획에 따라 분산되는 것만은 아니다. 게다가 기획과 계획planning and design 이 공식적 지도자들과 교사들 사이의 지도성 분산에서 반드시 필수 적인 것은 아니다. 때로는 학교사정에 정통한 행정가들, 전문가들, 또는 학급 교사들이 개인적으로 혹은 공동으로 활동을 하면서 지도 성이 부족하거나 미치지 못하는 영역이 어디인지 알 수 있다. 이는 조직의 구성원들이 어떤 특정한 지도성 기능 혹은 정례업무가 제대 로 이루어지지 않고 있다는 것을 알았거나, 지도성의 어떠한 측면들 이 좀 더 강화되는 것이 학교의 성공에 중요하다고 믿기 때문에 나 타날 수 있다.

캐나다와 미국의 학교개혁에 대한 연구에 기초하여, 하그리브스와 핑크(Hargreaves & Fink, 2004)는 교장들이 특정한 영역에서 요구되 는 기술이 부족할 때 나타나는 지도성 공백을 종종 교사들이 채워 주고 있다는 사실을 발견하였다. 분산적 지도성 연구에 포함된 학교 인 백스터 초등학교에서, 브랜든 교감은 스턴 교장이 '사교적'이지 않다는 사실을 깨달았다. 백스터 초등학교의 스턴 교장은 수업개선을 위해서 교사들이 의견을 내고 역할을 수행할 수 있는 구조와 정책들의 기반을 잘 만들어 두었지만, 교사들과 의사소통을 하는 데서는 서투른 사람이었다. 브랜든 교감은 교사들로부터 이러한 말을 듣고, 일상 업무에서 교장이 사교적이지 못하다는 것을 직접 목격하면서, 교사들과 좋은 관계를 형성하고 학교정책과 프로그램에 관하여 교사들과 이야기하는 시간을 가지면서 스스로 의사소통적이며 사교적인 사람이 되도록 만들었다. 이렇게 해서, 브랜든 교감은 교장이 알지 못하고 교장의 명령도 없었던 상황에서 지도적 책임을 수행하였다. 그러므로 지위상의 지도자, 교사, 또는 학부모와 학교운영위원회 위원 등도 다른 사람들이 이행하지 않고 있는 지도성 기능이나 정례업무에 대한 책임을 맡을 수 있다.

물론, 확연히 눈에 들어오는 특정한 지도성 기능을 제대로 이행하지 못하는 상황이 위와 같은 분담으로 늘 이어지는 것은 아니다. 사람들이 서로를 알아 감으로써 업무관계를 형성하고, 지도성 기능과 정례업무에 대한 새로운 책임이 시간의 흐름에 따라 나타나게 된다. 서로를 신뢰하면서 함께 일하는 사람들은 다른 사람의 장점과 약점들을 식별해 낸다. 그 결과, 개인들 사이에서 지도성의 분산에 공헌하는 '직관적인 업무관계intuitive working relations'가 형성된다(Gronn, 2003, p. 4).

3) 위기를 통한 지도성의 분산

종종 학교에 위기를 가져오거나 단순히 다루어서는 안 되는 예기치 못한 사건 때문에 지도성이 여러 사람에게 분산될 수 있다. 예를 들어, 학생들의 읽기에 대한 학업성취도 점수가 급격하게 떨어지거나, 학교에서 마약이 발견되거나, 교사들이 총을 소지한 학생을 붙잡는 것과 같은 상황들이다. 이러한 사건들은 즉각적인 주의를 요구한다. 학교행정가들은 위기를 벗어나기 위해 즉각적으로 반응을 보이게 되는데, 그 문제들을 다루기 위한 특정한 지도성 기능을 논의하기 위해 일반적으로 함께 일하지는 않은 사람들을 불러 모아 교사들과 학교행정가들로 구성된 특별위원회를 구성할 수도 있다. 이것이 그 학교에서의 행정가들과 교사들 간 지도성의 분산에 변화를 줄 수 있다.

그론(Gronn, 2003)은 이러한 위기 때문에 발생되는 분산을 '자발적 협동spontaneous collaboration'이라고 불렀다. 이것은 임시적인 것이며, 지속적이지 않은 경우가 많다. 왜냐하면 이러한 종류의 협동들은 아주 특정한 문제 상황에 따른 것이고, 그 문제가 해결되면 이 일에 관여했던 사람들의 모임은 해산되기 때문이다.

6. 어떻게 영향력 있는 지도자로 여겨지는가

어떤 사람을 영향력 있는 지도자로 세우는 데 교사들의 역할은 무엇일까? 학교를 이끌어 가기 위한 책임을 여러 사람이 분담하고 있는 상황— 몇몇은 공식적인 지위를 가지고 있을 수 있고, 몇몇은 그렇지 않을 수 있는 상황—에서 어떤 이들은 교사들에게 영향력 있는 지도자가 되는 것이고 나머지는 그렇지 못하는 것일까? 교사들이 늘 지도적 정례업무를 이끌어 가는 사람들이나 특정한 지도성 기능을 맡고 있는 사람들을 자신의 수업에 긍정적인 영향력을 끼치는 지도자로 생각하는 것은 아니다. 게다가, 교사에게 영향을 줄 것이라 여겨지면서 지도적 정례업무를 수행해 나가는 몇몇 사람들은 공식적인 지도자 지위를 가진 사람들이 아니다. 저자의 분산적 지도성 연구에 참여한 84명의 교사들 가운데 70명(83%, 이후 중복 답안)이 교장을 교사의 교수활동에 영향을 미치는 지도자로 인식하고 있었고, 24명(28.6%)이 교감을 뽑았다. 그 외에 67명(79.8%)이 다른 교사라고 응답하였다(Spillane, Hallett, & Diamond, 2003). 이를 통해 공식적 지위라는 요인은 교사들이 자신의 수업에 영향을 끼치는 지도자로 인식하는 데 관련이 있긴 하지만, 반드시 공식적 지위의 사람들을 지도자로 인식하는 것이 아닌 것을 알 수 있다. 전체 84명 가운데 7명의 교사들만이 '지위' 그 자체가 자신에게 영향력 있는 지도자가 되기에 충분하다고 대답하였다(Spillane, Hallett, &

Diamond, 2003).

지도성이 어떻게 형성되는 것인지 알기 위한 좋은 방법은 지도자보다 구성원의 관점에서 지도성을 조사하고, 어떤 이들이 지도력 있는 인물로 여겨진다면 그 이유가 무엇인지 면밀히 살펴보는 것이다.

교사들은 지도자들과 직접 교류하면서, 혹은 동료 교사들이 지도자들에 대해 어떻게 생각하는지에 대해 이야기 나누는 것을 통해서 지도자들의 지도력을 판단한다. 교사들의 이러한 판단은 다음의 네 가지 사항에 기초한다(Spillane, Hallett, & Diamond, 2003).

- 인적 자본은 한 사람의 지식, 기술, 전문성 등을 포함한다.
- 문화적 자본은 한 사람이 존재하고 행동하고 상호작용하는 방식으로, 구체적인 사회적 맥락 안에서 그 가치가 평가된다.
- 사회적 자본은 한 사람의 사회적 네트워크나 관계를 말하며, 어떤 조직에 있는 개인들 사이에서의 신뢰, 협동, 의무감과 같은 규범이 얼마나 보편적인지와 관련이 있다.
- 경제적 자본은 돈과 책, 교과자료, 컴퓨터 등과 같은 물질적 자원을 포함한다.

교사들이 교장을 자신의 교수활동에 얼마나 많은 영향을 미치는 사람으로 인식하는가에 따라 교장의 전문성에 대한 교사들의 인식이나 인적 자본은 하나의 요인으로 작용한다. 교장의 상호작용 방식이나 문화적 자본 역시 교사가 변화하도록 동기화시킬 수 있다

(Johnson & Venable, 1986; Treslan & Ryan, 1986). 블래스(J. J. Blase)와 그의 동료들은 교사를 칭찬하면서 충고나 조언을 하는 교장들이 수업을 개선하는 데 노력하도록 교사들을 더 잘 동기화시킨다는 사실을 발견하였다(Blase & Blase, 1998; Blase & Kirby, 1992).

또, 어떤 연구는 사회적 자본이 지도자로서 교사들에게 영향력을 끼친다는 것을 확인하고 있다(Johnson 1990; Little, 1982; Louis, Marks, & Kruse, 1996; Rosenholtz, 1989). 구체적으로, 가치 있는 사회적 네트워크, 상호 신뢰 및 존경, 의무감 및 책임감과 같은 형태의 사회적 자본은 특히 수업을 위한 교사 지도성에서 매우 중요하다(Smylie & Hart, 1999).

저자의 분산적 지도성 연구에서 교사들은 주로 문화적 자본에 기초하여 학교 행정가들을 지도자로 구성하였지만, 인적 자본, 사회적 자본, 문화적 자본을 뒤섞어 다른 교사들을 지도자로 구성하기도 하였다. 우리가 조사한 84명의 교사 가운데 59명(70.2%)의 교사는 교장이나 교감을 영향력 있는 지도자로 구성할 때 문화적 자본을 언급하였고, 이에 반해 18명(21.4%)의 교사들은 인적 자본을, 13명(15.5%)의 교사들은 사회적 자본을, 그리고 20명(23.8%)의 교사들은 경제적 자본을 언급하였다. 한 교사는 "제가 생각하기에 그것은 당신이 말하고 행동하는 방식입니다……. 사람들이 다가와서 당신에게 말하는 방식……. 나는 단지 당신에게 말하고 일종의 관심을 전달하는 방법에 서투를 뿐이고, 당신은 이런 것들을 해냈다고 생각해요."라고 말하면서, 교장을 영향력 있는 지도자로 여기는 데 문화적 자본의 중요성을 강조하였다.

우리가 조사했던 84명의 교사 가운데 38명(약 45%)의 교사는 다른 교사들을 영향력 있는 지도자로 여기는 데 인적 자본을 언급하였고, 반면 50명(59.5%)의 교사는 문화적 자본을, 42명(50%)의 교사는 사회적 자본을, 23명(27.4%)의 교사는 경제적 자본을 언급하였다. 한 교사는 교사 지도자들에게 인적 자본의 중요성을 다음과 같이 조명하고 있다. "로드리게즈Mrs. Rodriguez 선생은 과학에 관한 지식이 매우 풍부합니다. 그리고 그분은 과학에 관한 아이디어도 많이 가지고 계십니다. 디아즈Mrs. Diaz 선생은 훌륭한 영어교사입니다. 그래서 내가 질문이 있을 때나 특정 방식으로 전략을 추진해 나가는 방법을 알고 싶을 때마다 난 디아즈 교사에게 '그렇다면 당신은 이것을 어떻게 하실 건가요?'라고 묻습니다."

7. 결 론

비록 최근 몇 년간 분산적 지도성이 상당히 성장해 왔음에도, 이에 관한 경험적인 지식기반은 여전히 상대적으로 부족하다. 많은 연구가 초급학교를 중심으로 수행되어 왔는데, 이들 대부분은 주로 분산적 관점에서의 지도자 범위확대 측면에 초점을 맞추고 있다.

이 책에서는 지도성 업무에 대한 책임이 학교에서 어떻게 분산되고 있는가에 대해 중요한 시사점을 제공하고 있다. 3~7명가량의 공식적인 지도자들은 전형적으로 지도적 정례업무를 위한 책임을 맡고 있다. 일반적으로 학급 교사들과 같은 비공식적인 지도자들 역시 지도적 정례업무를 위한 책임을 맡고 있다. 공식적인 지도자들과 비공식적인 지도자들 사이에서의 지도성 분산은 지도적 정례업무, 교과목, 학교의 유형, 학교의 크기, 그리고 학교나 학교 지도성 팀의 발전단계에 따라 다르다. 지도적 정례업무들에 대한 책임의 분산은 엄격한 분업, 공동 수행, 병행 수행 등 최소한 세 가지 방식으로 일어난다. 지도성에 대한 책임의 분산은 계획하거나, 자연스럽게 일어나거나, 위기를 통해 달라질 수 있다. 결국, 교사들은 공식적인 지도자들과 그렇지 않은 사람들 모두를 가치화된 유형의 인적 자본, 문화적 자본, 사회적 자본, 그리고 경제적 자본에 기초하여 영향력 있는 지도자들로 구성하게 된다. 그러나 지금까지의 주장들은 앞으로 연구와 조사를 거쳐야 하는 가설로 받아들이는 것이 적절할 것이다.

그러나 지도자 범위확대의 분석틀, 이것만 적용하였을 때는 불충분하다. 분산적 관점은 특정한 지도성 기능과 정례업무에 대한 책임을 누가 맡게 되는지뿐만 아니라 여러 지도자와 구성원, 그리고 상황의 상호작용 가운데 지도성이 어떻게 일어나고 있는지에 대해서도 살펴보아야 한다. 이것에 대해서는 제3장에서 상세히 다루기로 한다.

1 종합적 학교혁신(Comprehensive School Reform) 또는 전체적 학교혁신
  (Whole School Reform)은 학생들의 학업성취를 개선하기 위한 노력의 일환
  으로 학교에서 채택하고 있는 외부에서 개발된 개혁 모델을 말한다. 예를 들
  면, 다함께 성공하기(Success For All), 미국의 선택(America's Choice), 학
  력차이 단축 프로그램(the Accelerated Schools Program) 등이 있다.

≋ 2장 요약* ≋

  지도성은 사회적으로(사람들 사이에서) 그리고 상황적으로(도구, 기구, 절차, 구조, 프로그램, 정책에 걸쳐서) 분산되어 있다는 것이 분산적 지도성에서 기본적으로 주장하고 있는 것입니다. 즉, 지도자 한 사람 개인의 능력이나 특성 기술로 보는 관점에 대한 대안이 됩니다. 2장에서는 '사회적 분산'을 심층적으로 다루고 있고, 3장에서는 사회적 · 상황적 분산을 모두 포함하여 지도성 실행이라는 더 큰 그림을 그리고 있습니다.

  스필란은 지도성이 사람들 사이에서, 즉 사회적으로 어떻게 분산되어 있는가의 주제를 다루면서 그 주제를 네 가지로 살펴보고 있습니다. 첫째는 누가 어떠한 지도성 책임을 맡게 되는지, 둘째는 어떠한 형식으로 분담이 되는지, 셋째는 어떠한 요인으로 분담이 일어나는지, 넷째는 어떠한 이유로 영향력 있는 지도자로 여겨지는지에 관한 것입니다.

---

*여기의 내용은 원서에 나오는 것이 아니라, 역자들이 독자의 이해를 돕기 위해 자의적으로 작성한 것이다.

1. 책임의 영역	1) 지도성 기능의 세 종류: ① 수업관리 ② 학교 건물 및 물품관리 기능 ③ 학부모 및 외부기관과의 관계 교장과 교감은 ②, ③에 더 많이 신경을 쓰지만, 교과 영역의 담당자들이나 수석 교사 같은 사람들은 ①에 집중한다. 2) 교과목에 따라: 읽기 · 쓰기와 같은 문해력에 관련된 언어과목에서 2~5명의 지도자가 참여하고 있고, 수학과목은 그에 비해서 적은 2~3명, 과학과목은 보통 1~2명의 지도자가 관여하고 있었다. 저자의 연구에서 많은 경우 초등학교가 대상이었기 때문에 초등학교에서 가장 비중 있게 다루어지는 언어과목에 지도자가 더 많이 참여한 것 같다. 중등학교에서는 달라질 수 있다. 3) 학교 유형에 따라: 공립학교, 사립학교, 새 유형의 공립학교(차터, 마그넷 학교)를 비교했을 때, 사립학교와 새 유형의 공립학교가 일반 공립학교보다 학교의 문화와 전략에 대한 비전을 공유하고, 인적 자원을 세우는 데 지도성이 더 분산되어 있는 것을 발견했다. 4) 학교 크기에 따라: 학교 크기가 커질수록 공식적 지위의 지도자들이 많아진다. 5) 발전단계에 따라: 학교개혁이 처음 시작할 때와 중간 단계, 경험이 쌓이고 무르익었을 때의 단계에 따라서 지도성 분산이 달라진다. 본문의 코플랜드(Copland, 2004)의 연구를 예로 들면, 개혁 초기에는 학교개혁 담당자나 교장이 비판적이었지만, 그 담당자는 교장의 대변인 역

1. 책임의 영역	할을 하다가 시간이 흐르면서 그 프로그램에 대한 이해와 경험이 쌓이고, 점차 자신의 할 일이 무엇인지 알게 되면서 더 많은 지도자들이 학교개혁에 참여할 수 있는 구조가 만들어진다.
2. 분담의 방식	1) 분업(Division of labor): 지도자들이 서로 다른 영역을 분담하는 것이다. 예를 들어, 교감은 훈육을 담당하고, 교장은 교사와 수업의 질 향상을 담당한다(비유하자면, '한 사람'은 바퀴를 만들고, '다른 사람'은 엔진을, '또 다른 사람'은 몸체를 만들어 자동차를 완성하는 것). 2) 공동 수행(co-performance): 지도자들이 같은 일을 함께 수행하는 것이다. 예를 들어, 교장과 교감이 함께 특정 교사 회의를 이끌어 간다(비유하자면, 세 사람이 '다 함께' 엔진을 만들고, 그다음 '다 함께' 바퀴를, 마지막으로 '다 함께' 몸체를 만들어 자동차를 완성하는 것). 3) 병행 수행(parallel performance): 동일한 지도성 기능이나 정례업무를 이끌어 가는 데 함께 일하는 것이 아니라, 따로 일하는 것을 말한다. 예를 들어, 교장도 교사들에게 학교개혁에 대한 비전을 나누는 회의를 이끌고, 교감도 교사들에게 같은 일을 하되, 개별적으로 접근한다(비유하자면, '한 사람'도 바퀴 하나를 만들고, '다른 사람'도 바퀴를 만드는 것).
3. 분산이 변화되는 요인	1) 계획적으로(by design): – 새로운 지위를 만들거나 개편한다. – 새로운 정례업무나 구조를 만들거나 개편한다. 예를 들어, '훈육담당교사'와 같은 지위를 만들어서 학생의 훈육에 대해 책임을 지고 이끌어 가게 할 수 있다.

3. 분산이 변화되는 요인	2) 비계획적으로(by default): 공식적으로 계획하지 않았는데, 어떤 지도자의 결함이나 부족함을 다른 지도자가 자연스럽게 자발적으로 보충하는 것을 의미한다. 예를 들어, 교장이 행정적인 일에는 뛰어난데, 교사들과 대화하는 것에 약하다는 것을 발견한 교감이 자발적으로 교장의 부족한 부분을 자신이 채워 교사들을 상대하고 지도부의 지침을 잘 따르도록 관계를 맺는다. 3) 위기를 통해(through crisis): 학교조직의 급작스러운 위기상황 때문에 지도성의 책임에 대한 분산이 달라질 수 있다. 예를 들어, 학교 건물의 일부가 무너지거나, 학생의 총기 사고가 있다거나, 학생들의 성적이 급작스럽게 떨어질 때, 학교는 그 상황에 대처하기 위한 위원회를 조직할 수 있다.
4. 구성원 인식	교사들이 '저 사람은 나에게 영향력을 끼치는 지도자야!'라고 생각하게 하는 요인이 무엇일까? 1) 인적 자본(Human Capital): 한 개인의 지식, 기술, 전문성 2) 문화적 자본(Cultural Capital): 행동하고 교류하는 방식 3) 사회적 자본(Social Capital): 인간관계 네트워크, 신뢰, 협동, 의무감과 같은 규범 4) 경제적 자본(Economic Capital): 돈이나 책, 컴퓨터 같은 물질 　－ 존슨과 베너블(Johnson & Venable)의 연구에서는 교사들이 교장을 자신에게 영향력을 미치는 지도자로 볼 때, 교장의 전문성(인적 자본)도 언급하였고, 자신과 교류하는 방식(문화적 자본)도 중요하다는 것을 발견하였다. 　－ 리틀(Little) 등의 연구에서는 같은 동료 교사 가운데 누군가를 지도자로 본다면 그 사람의 '사회적 자본'이

	중요하게 여겨진다는 것을 발견하였다.
4. 구성원 인식	− 스필란의 연구에서는 교사들에게 '이 행정가들을 왜 영향력 있는 지도자로 보십니까?'라고 물었을 때 대부분 '문화적 자본'(70.2%)을 언급하였고, 반면 '이 교사들을 왜 영향력 있는 지도자로 보십니까?'라는 질문에는 '인적 자본(45%)' '사회적 자본(50%)' '문화적 자본'(59.5%)으로 모두 비중 있게 언급하였다.

지도성 실행 측면
The Practice Aspect

1. 도 입

11월의 어느 화창한 오후, 문해교육위원회literacy committee가 아담
스 학교Adams School 도서관에서 열리고 있었다. 이 위원회는 5주마
다 한 번씩 개최되고 있었는데, 모인 사람들은 약 20명 정도로, 유
치원 학년부터 8학년까지[1] 대표하는 학년별 교사들과 이 위원회의
책임을 맡고 있는 지도자들로 구성되어 있었다. 지도자들은 다음과
같다.

---

1) 역자 주: 제1장 각주 8) 참조.

- 윌리엄스 교장_{Brenda Williams}
- 문해교육 담당자_{literacy coordinator}
- 아프리카계 미국인 문화유산교육 담당자_{African American Heritage coordinator: AAHC}
- 교사 지도자(3학년 담임을 맡고 있는 한 교사): 문해교육에서 영향력 있는 지도자로 학교에서 정평이 나 있는 사람

이 위원회에서는 교사들이 문해교육에 관한 의사결정활동에 참여하고 있었고, 회의의 진행은 대부분 앞에서 언급한 지도자들과 더불어 한두 명의 교감이 공동으로 이끌어 가는 형식이었다.

윌리엄스 교장은 그날 오후의 회의를 위한 의제를 사전 검토하면서 유쾌하면서도 진지하게 임하고 있다. 윌리엄스 교장은 의제 가운데 하나를 가리키며 교사들이 '효과 있는 전략'을 어떻게 활용해 보았는지 경험을 함께 나누는 시간을 가질 것이라고 말하였다. "서로 경험을 나누는 것이야말로 우리가 제일 잘 배우는 방법이 아니겠어요?" 이 말은 윌리엄스 교장의 고정 레퍼토리였다.

다음으로 문해교육 담당자가 나와서 교사들의 노고를 칭찬하며, 최근 문해영역의 5주단위평가_{Five-Week Assessment}에서 모든 학년의 학생이 향상을 보였다고 언급하였다. 그 담당자는 교사들에게 학년별로 학생들의 강점과 약점이 보이는 영역을 설명하면서, 학생들이 어려워하는 부분이 무엇이며, 이를 보강하기 위해서 어떤 자료를 사용할 수 있는지 구체적으로 보여 주었다. 윌리엄스 교장은 문해교육

담당자의 말을 경청하고 또한 고개를 끄덕이면서 그의 말에 동의를 표하고 있었다.

AAHC가 그다음으로 회의 진행을 넘겨받았다. 문해교육 담당자는 사전에 AAHC에게 스테파니 하비와 앤 고드비스(Stephanie Harvey & Anne Goudvis)가 쓴 『독서몰입의 비밀−스스로 공부하게 하는 법(Strategies That Work: Teaching Comprehension to Enhance Understanding)』의 6장을 미리 읽고 발표해 달라고 부탁하였다. 교사들도 이날의 회의를 위해서 같은 6장을 읽어 오기로 되어 있었는데, 이 회의의 주제는 문해교육에서 학생들이 세 종류의 연결connection[2]을 할 수 있도록 돕는 것이 중요하다는 것이었다. AAHC는 자신의 조카에게 책을 읽어 준 상황을 예로 들면서, 세 종류의 연결에 대해 설명하였는데, 학생들이 글을 읽을 때 이러한 연결을 생각해 낼 수 있도록 교사들이 지도하는 방법에 관한 것이었다. 교사들은 자신의 교실현장 경험에서 얻은 사례와 제안을 활발하게 발표하였는데, 한

---

2) 역자 주: 본문에서 소개된 이 책은 2000년에 초판, 2007년에 2판이 나왔다. 한국에서는 『독서몰입의 비밀−스스로 공부하게 하는 법』(남택현 역, 2009, 커뮤니티)이라는 이름으로 번역되어 출간되었다. 이 책은 미국 교사들 사이에서 학생의 문해력을 높이게 해 주

는 책으로 제법 알려져 있다. 문해력은 단순히 글을 읽는 것이 아니라, 글을 이해하고 사고력을 키우고 자신과 세상을 분석하고 비판할 수 있는 것까지 포함될 것이다. 본문에서 '세 종류의 연결'이라고 하는 것은 (1) text-to-self(이야기와 나), (2) text-to-text(이야기와 이야기), (3) text-to-world(이야기와 세상)을 연결시키는 것을 의미한다.

교사는 세 종류의 연결이라는 전략을 학생들에게 명확하게 가르쳐 주는 것이 중요하다고 주장하였다. 그래야 학생들이 '연결한다'는 것에 대한 의미를 이해할 수 있다는 것이다. 그러나 이 말에 윌리엄스 교장은 '연결한다'는 전략도 중요하지만 교사들이 처음부터 전략을 드러내서 가르치지 않아야 한다고 조언하였다. 윌리엄스 교장은 교사들에게 다음과 같이 가르치는 순서를 상기시켰다. "선생님들이 먼저 어떻게 하는지 보여 주고, 그다음에 학생들이 하는 것에 대해 안내자의 역할을 해 주고, 그 후에 학생들이 어려워하는 부분에 디딤돌 역할을 해 주고, 이렇게 한 후 학생들이 각기 그 전략들을 적용해 볼 수 있게 하는 것입니다."라고 강조하였다. 또 다른 교사가 실제에서 연결하는 전략이 어떻게 나타날 수 있는지를 설명하기 위해 자신의 수업 시간에 있었던 일을 하나의 예로 제시하였다. 다른 교사들은 자신의 수업 시간에 있었던 생생한 예들을 제시하고, 지도자들은 교실 경험에서 나온 이러한 설명들에 대해 자신의 관점으로 피력하였다.

시간이 조금 지난 후 교사 지도자[3)]는 포스터를 가지고 무대의 가운데로 옮겨 가서, 교실에서 그래픽 조직자graphic organizer[4)]를 사용

---

3) 역자 주: 3장 첫 문단에서 소개한 이 위원회의 4명의 지도자 가운데 마지막 사람을 지칭한다.
4) 역자 주: 그래픽 조직자는 개념을 시각적으로 정리해 볼 수 있는 그림을 지칭한다. 마인드맵, 컨셉트 맵도 이와 유사한 것이다. 이는 다양한 형태일 수 있는데, 플로워 차트가 될 수도 있고, 매트릭스가 될 수도 있다. 이러한 것들은 사실을 기억하고, 이

하는 것에 대해 발표하였다. 문해교육 담당자는 각종 협회와 회의를 통해 교수 전략에 대해서 연수를 많이 받은 교사인데, 그에게 수업에서 그래픽 조직자를 사용해 보도록 부탁하였고, 그는 실제로 이것을 받아들여 활용하였다. 교사 지도자는 새로운 도구를 사용하는 데 따르는 어려움을 인정하면서, 교사 지도자가 자신의 교실에서 성공적으로 어려움을 극복하는 데 사용된 자료와 내용을 볼 때, 회의 참석자들은 그 교사가 얼마나 많은 시간과 노력을 공들여 준비했는지 알 수 있었다. 발표하는 동안 여러 가지 논의거리가 오가는 가운데, 윌리엄스 교장과 문해교육 담당자는 학생들이 그래픽 조직자를 친숙하게 사용하는 것의 중요성을 중간 중간에 끼어들어 교사들에게 강조하였다. 이는 일리노이 주 표준화된 학업성취 시험Illinois Standards Achievement Test: ISAT[5]에서 학생들이 좋은 성과를 내는 데 도움이 되며, 이렇게 구체적인 학습 전략들이 주州정부의 표준화된 시험들과

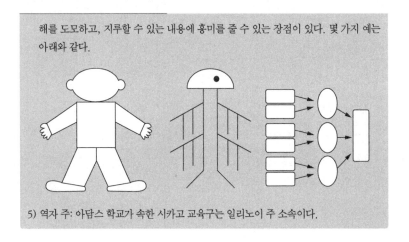

해를 도모하고, 지루할 수 있는 내용에 흥미를 줄 수 있는 장점이 있다. 몇 가지 예는 아래와 같다.

5) 역자 주: 아담스 학교가 속한 시카고 교육구는 일리노이 주 소속이다.

학교의 수업과 연결될 수 있다는 것을 보여 주기 위해서였다. 회의가 끝날 무렵 문해교육 담당자의 제안으로, 교사들은 연결하는 것이 다음 5주단위평가의 초점이 되어야 하는지와 이를 준비하기 위해 소집단에 들어가야 하는지를 투표를 통해 결정하였다.[1]

2. 지도성 실행에 초점 맞추기

어떤 이들은 앞의 사례에서 지도성의 실례가 어디 있는가 하고 반문할 수도 있다. 왜냐하면 그런 사람들은 지도성을 영웅적 인물, 즉 학교를 새로운 차원으로 이끌어 올리려는 행동에서 찾기 때문이다. 대신 아담스 학교 네 명의 지도자는 학생의 학업성취에 기여할 수 있는 문해교육에 관한 접근법에는 무엇이 있으며, 어떻게 향상시켜야 할지에 대해 평범해 보이는 의논들을 하고 있다. 1장에서 지도성에 대해 정의한 바 있는데, 여기서 이것이 바로 지도성이다. 더 자세히 말하자면, 지도성 실행leadership practice이다. 앞의 문해교육위원회의 사례가 이떤 영웅적 인물의 영웅적 행동이 없음에도 지도성의 예가 될 수 있는 이유는 아담스 학교의 지도자들이 교사들의 문해교육에 영향을 주기 위한 목적으로 그 위원회에 참여하고, 또 교사들은 그곳에서 배운 것을 수업에서 어떻게 활용할지를 토론하기 위한 시간으로 이해하고 있기 때문이다. 즉, 이들의 활동은 학교의 핵심 임무인 수업에 직접적으로 연결된다. 도입부의 사례는 참가자 간의 상호작용 속에서 나타나는 지도성 실행의 좋은 예가 된다.

　도입부의 사례는 다수의 지도자들이 문해교육위원회라는 정례업무routine를 어떻게 공동으로 수행하고 있는지 잘 묘사하고 있다. 1장에서 정의한 것과 같이, 정례업무란 두 사람 이상이 관여된 상호 의존적인 행위로서 반복적이며 인식이 가능하다. 저자의 분산적 지도성 연구Distributed Leadership Study[6]를 통해서 저자와 동료들이 연구한 모든 학교의 정례업무에서는 공동 수행으로 지도성이 발휘된다는 것을 발견하였다. 처음에 저자와 동료들은 공동 수행의 성격을 파악하기 위해 네 명의 지도자—윌리엄스 교장, 문해교육 담당자, AAHC, 그리고 다른 한 명의 교사 지도자—의 행위와 역할이 어떻게 다른지 밝혀냄으로써 가능하다고 생각하였다. 도입부에서 소개된 사례와 아담스 학교의 지도성 실행에 관한 다른 사례들을 살펴보았을 때, 윌리엄스 교장은 교사들을 향한 교육적 기대가 무엇이며, 또한 교육구, 주정부 혹은 연방정부가 지정한 문해교육에 대한 표준이 무엇인지 계속 주지시키고 있었고, 더불어 문해교육 담당자는 새로운 교수 전략과 자료를 교사들에게 알려 주는 역할을 하고 있었다. 그런데 이러한 유형의 분석은 적어도 네 명의 지도자 사이에서 차별화된 역할과 중복된 역할이 무엇인지 파악할 수 있게 해 주었지만, 이들의 행위와 역할을 낱낱이 해부하는 것 자체로는 분산적 관점에서 지도성 실행을 파악하는 것에 무언가 만족스럽지 못한 결과를 가지

---

6) 역자 주: 1장 각주 9) 참조.

고 왔다. 중요한 것은 상호작용이다. 즉, 집합체의 수준에서 지도성 실행을 분석하는 것이 필요한 것이다. 그것은 우리가 집합적 지도성 실행을 분석할 때만 가능한데, 집합적 지도성 실행은 개개인의 행위와는 구별된 것으로서 상호작용에서 형성된다는 것을 알 수 있다. 이런 점에서 지도자 범위확대와 같은 부가적 모델은 이러한 상호작용을 제대로 잡아내지 못한다.

도입부의 사례에서 인상적인 것은 네 명의 지도자 사이의 상호작용에서 지도성 실행이 형성되는 방식이다. 이들의 개별 행위도 중요하지만, 개별 행위는 지도성 실행이 구성되는 상호작용 안에서 이루어진다. 도입부 사례에서의 지도자들은 서로에 대한 즉각적인 반응으로 지도성 실행을 구성해 가면서 서로에게 기여하고 있었다. 이러한 방식으로 지도성 실행은 단순히 그들의 개별 행위로 작용하기보다 오히려 이 지도자들 모두에게 분산되어 있다.

아쉽지만 분산적 지도성의 실행 측면에 관한 연구물은 많지 않다. 지도성이 지도자, 구성원 그리고 그들의 상황 속에서의 상호작용에서 어떻게 형성되는가를 연구한 논문이 거의 없다. 이 영역 대부분의 연구는 저자와 그론(P. Gronn)과 동료들이 수행하였다(Goldstein, 2004; Gronn, 2002, 2003; Spillane, Diamond, & Jita, 2000, 2003; Spillane, Diamond, Sherer, & Coldren, 2004). 이 장에서는 지도성 실행에서의 상호작용에서 먼저 인적 차원peaple dimension, 다음으로 상황 차원situation dimension을 살펴봄으로써 이 부족함을 채워 보고자 한다.

3. 인적 차원

인간은 지도자이든 구성원이든 간에, 지도성 실행의 분석에서 중심이다. 사람들이 무엇을 하는가, 즉 사람들이 어떤 역할을 하는가는 매우 중요하다. 그러나 지도성 실행에 관한 대부분의 분석들은 개인의 행위, 특히 지도자의 행위 그 이상을 다룬 것을 찾아보기 힘들다. 기껏해야 한두 명의 지도자의 행위를 모으는 데 그친다. 분산적 접근에서는 상호작용, 즉 지도성 실행이 지도자들과 구성원들 사이에서 어떻게 상호작용을 형성하는가가 중요한 문제다.

1) 사람들 '사이에' 일어나는 상호작용에 대한 이해

분산적 관점에서 지도성 실행을 탐구하는 것은 단순한 작업이 아니다. 중요한 과제는 지도성 실행이 지도자들에게 어떻게 분산되어 있는지를 풀어내는 작업이다. 이를 위한 한 가지 방법은 지도자들의 행위 가운데 있는 상호 의존성을 분석하는 것이다(Gronn, 2002, 2003; Spillane, Diamond, & Jita, 2000, 2003). 연구자들은 지도자들의 '활동activities' 사이에서 보이는 상호 의존성 혹은 다양한 활동을 뒷받침하는 '자원resources'에서 비롯된 상호 의존성을 고찰해 왔다(Lawrence & Lorsch, 1986; Malone & Crowston, 1994; Malone et al., 1999; March & Simon, 1958; Thompson, 1967).[2] 탐슨(Thompson,

1967)은 활동 사이에서 세 가지 유형의 상호 의존성을 다음과 같이 설명하고 있다.

- 상대적 상호 의존성Reciprocal interdependencies: 한 사람의 활동이 있어야 다른 사람의 활동이 가능해진다.
- 자원활용의 상호 의존성Pooled interdependencies: 공동 자원을 공유하거나 생산하는 것 이외의 다른 것들은 독립적으로 행하게 된다.
- 순차적 상호 의존성Sequential interdependencies: 한 사람이 한 가지 일을 마무리해야 다른 사람이 이어서 일을 할 수 있다.[3]

그러나 '상호 의존성'을 분석하는 것은 그 집단이 어떻게 운영되는지에 대한 정도만 이해할 수 있다. 언제 누구의 행위가 전면에 등장하고 어떻게 상호작용이 시작되었는지에 대해서는 제대로 밝혀지지 않기 때문에 상호작용의 인적 측면을 제대로 이해할 수 없다. 여기서 중요한 점은 개인이 아니라 집단 차원에서 지도자들이 어떻게 일하는지를 파악하는 것이다. 즉, 집단의 수준에서 지도성 행위를 분석하는 것이 매우 중요하다. 도입부 사례에서의 지도자 집단은 정례업무에 대한 공동 수행co-performance을 가능하게 하고 제약할 수도 있는 능력이 있다. 따라서 연구자들은 지도자들의 개별적인 행위와 지식을 분석하는 것을 넘어서 하나의 집합체로 고려하는 것이 필요하다. 지도성 실행에 대한 분석의 단위가 개개인의 지도자들이 아닌 하나의 집단적 지도자들이라면, 즉 상황과 관계없이 개인들이 아닌 특정한 상황 속에 놓여서 주변 사람들과 도구와 상호작용하여 지도성을 발휘하는 한 집단을 분석의 단위로 삼고자 하면서 탐슨(J. D. Thomson)이 언급한 상호 의존성에 대한 분석에만 그쳐 버린다면, 그것은 하나의 집단으로서 지도자들이 어떻게 일하는지에 대한 설명으로는 만족스럽지 못할 것이다. 지도성 실행을 공동 수행하는 지도자들 간의 상호작용을 분석할 때, 집단으로서 일하는 것과 그 구성요소 모두에 주목하는 것이 필요하다. 도입부 사례에서 교장, 문해교육 담당자, AAHC, 또 한 명의 교사 지도자가 집합체로서 어떻게 기능하는지를 이해할 필요가 있다. 이 네 명의 지도자들은 어떤 식으로 서로에게 주의를 기울이면서 공동으로 교사들을 이끌어 가고 있는가? 그들은 어떻게 지도적 정례업무를 공동으로 수행하는가? 주의 깊음heedfulness이란 개념이 이러한 문제에 도움이 될 수 있다 (Weick & Roberts, 1993).[4] 주의 깊음은 일련의 행동들이 수행되는 방식을 말하는데, 조심스럽고, 재치 있으면서, 유목적이고, 세심하게 행동할 때 한 집단이 주의 깊게 행동한다고 말할 수 있다. 비크와 로버츠(Weick & Roberts, 1993)는 개인이 한 집단처럼 행동하면서 "서로 간의 행위에 주의를 기울이며 관계 짓는 것"이라고 주장하며, 이러한 상호관계를 따라서 하나의 집단으로 어떻게 기능하는지 알 수 있다고 말하고 있다(p. 360).

집단에 속한 사람들은 자신을 하나의 전체ensemble 혹은 집단 collective으로 이해한다. 한 집단의 구성원은 자신의 개별 행동에 대해서 생각하지 않고, 집단의 다른 구성원과 같은 관점에서 자신이 무엇을 하는지 생각한다. 비크와 로버츠는 주의 깊음에 관한 세 가지 상호 관계된 절차들을 설명하고 있다.

- 집단에 속한 사람들은 사회적 규범을 만들어 내는데, 마치 그러한 기준이 이전부터 있었던 것인 양 행동함으로써 형성해 간다.
- 사회적 규범이 정해진 것처럼 행동하고, 또한 사람들이 함께 일하는 조직의 모습을 마음에 그리며, 자신이 어떻게 행동해야 할지 생각하고, 자신을 비롯한 여러 사람의 행동이 하나의 조직으로서 움직이는 모습을 연결시킨다.
- 그 결과 실행체제system of practice가 형성되는데, 이것은 단순히 개인 안에 있는 것이 아니라, 사람들의 행위가 상호 관계되거나 상호 반응하는 데 있다.

이러한 방식으로 지도자들은 공동으로 지도성을 수행한다. 그러나 이 책에서는 연대적 행위joint action라는 말보다 공동 수행이라는 말을 더 선호한다. 연대적 행위는 공유된 목표를 포함하고 있는 반면, **공동 수행**은 의도적이든지 아니든지 간에 다르거나 심지어 정반대되는 목표를 가질 수도 있다는 가능성을 허용하기 때문이다.

집단에서 상호 관련성이나 상호작용이 더 주의 깊게 일어날수록, 집단은 더 지능적인 실행intellectual practice을 할 수 있다(Weick & Roberts, 1993). 예를 들어, 문해교육위원회에서 지도자들 사이에 일어났던 상호작용을 살펴보면, 참여자들이 지도성을 함께 발휘하는 장場을 만들어 가고 있었다고 볼 수 있다. 이 안에서 집단에 속한 사람들은 서로 그때그때 상황에 맞게 보조를 맞추어 가고 있었다.

지도성 실행의 공동 수행에 대한 지도자들의 상호작용을 분석하면서, 이 책의 저자와 동료들(Spillane, Diamond, & Jita, 2000, 2003; Spillane, Diamond, Sherer, & Coldren, 2004)은 세 가지 유형의 분산이 있다는 것을 발견하였다.

- 협동적 분산collaborated distribution: 두 명 이상의 지도자들이 같은 시간, 같은 장소에서 동일한 정례업무를 이끌어 간다. 교사 회의를 함께 진행하는 상황을 예로 들 수 있다. 이 상황에서 공동 실행co-practice은 농구에서 선수들이 함께 경기를 운영하는 것과 비슷하다. 농구 선수들이 드리블을 멈출 때 같은 편 선수에게 공을 넘기고, 공을 넣기 위해서 서로 협력하는 것과 같이 상호 작용을 해야 한다.
- 집단적 분산collective distribution: 두 명 이상의 지도자들이 한 정례 업무를 이끌어 가는 데 상호 의존적이지만 개별적으로 일한다. 집합적 분산에서 일어나는 상호 의존성은 야구나 크리켓에서의 선수들의 움직임과 유사하다. 야구 선수들은 혼자서 움직이지만, 타자, 포수, 투수 등 사람들의 상호작용 가운데 이루어지는 선수들의 행위가 실행을 형성해 간다.
- 조정적 분산coordinated distribution: 지도자들이 정례업무를 이끌어

갈 때 일정한 순서에 따라서 진행된다. 이때의 상호 의존성은 릴레이 경기에서 일어나는 것과 같이 이어 주고 이어 받으며 특별히 정해진 순서에 따라 공동 수행하게 된다.

이러한 세 가지 유형의 분산은 상호 배타적이지 않다. 하나의 정례업무를 이끌어 가는 것은 단 하나의 유형보다 더 많은 것을 포함할 수 있다.[5]

협동적 · 집단적 · 조정적 분산은 다른 종류의 상호 의존성을 갖는다. 따라서 같은 유형 안에서라도 지도자들이 때로는 같거나, 때로는 다른 종류의 어려움을 겪을 수도 있다. 집단을 대상으로 한 연구들을 살펴보면, 협동적 분산이 일어나는 실행에서 지도자들은 상대에 대한 정서적 측면에 더 주의를 기울여야 하는 것으로 보인다. 협동적 분산에서는 지도자들이 다른 사람들 앞에서 공동으로 수행하며, 지도자들 사이의 교감을 강조하는 데 반하여, 집단적 분산에서는 지도자들이 개별적으로 수행하는 것이 가능하므로 교감의 역동성이 약화될 수도 있다.

또한 주의 깊음의 관점에서 보면, 분산의 유형에 따라 다른 어려움에 직면할 수 있다(이러한 분산은 참여자들이 서로 얼마나 주의를 기울이면서 상호작용을 하는가와 관련하여 여러 가지 도전상황에 놓이게 된다.). 예를 들어, 협동적 분산에서 지도자들은 같은 정례업무를 이끌어 가면서, 동료들의 관점과 행위를 보다 직접적으로 가늠해 볼 수 있는 다양한 기회를 갖게 된다. 이러한 환경에서 지도자들은 상호 간의 관계를 맺는 가운데 좀 더 주의 깊게 행할 것이다. 대조적으로, 집단적 분산을 포함하는 상황은 행위에서 서로를 관찰하기 위한 기회가 적어지므로, 주의 깊음의 상호작용도 줄어들 것이다(보다 주의를 기울이면서 상호작용을 하는 기회도 더 줄어들게 된다.). 실제로, 협동적 분산과 비교해 볼 때, 집단적 분산의 상황에서 지도자들은 서로에게 주의를 덜 기울이게 된다. 왜냐하면, 상호 의존적이라도 개별적으로 일하는 '집단적 분산'의 상황에서는 지도자들 간에 각자의 일을 어떻게 하고 있는지에 대한 보고가 얼마나 정확한지에 따라서 상호 간의 주의를 기울이는 정도가 결정되기 때문이다.

(1) 협동적 분산

지도자들이 어떤 정례업무를 같은 시간과 공간에서 함께 수행할 때 협동적 분산의 형태로 지도성이 발휘된다. 협동적 분산에는 상대적 상호 의존성reciprocal interdependences을 관찰할 수 있는데, 이는 지도자들이 정례업무를 함께 수행하면서 한 지도자의 행위가 다른 지도자들의 다음 행위에 결부되어 있기 때문이다. 개인이 같은 장소와 시간에서 서로 보조를 맞추면서 상대적 상호 의존이 일어난다. A라는 사람의 행위가 B라는 사람의 행위에 직접적으로 그리고 즉시로 영향을 끼치게 하며, B도 A에게 그러하다. 이것은 1장에서 설명한 투스텝 댄스에서 파트너 간에 존재하는 상호 의존성과 닮았다고 볼수 있다. 수행에 관여하는 사람들의 숫자를 고려할 때 스퀘어 댄스[7]가 더 나은 비유일 수 있겠다.

도입부의 사례와 같이, 합동 분산은 아담스 학교에서 많은 문해교육에 관련된 정례업무에서 확연히 드러났다. 그 회의에서 네 명의 지도자들은 각각의 다른 시점에서 역할과 행위가 수렴되고 또 발산되는 와중에 지도자들 간의 상호작용이 실행을 형성해 가고 있었다. 교사 지도자가 그래픽 조직자를 주제로 발표했던 장면을 생각해 보자. 문해교육 담당자는 다른 지도자가 발표하는 중간 중간에 끼어들어서 학생들이 그래픽 조직자를 사용하도록 하는 것이 일리노이 주 시험에서 좋은 성과를 거두는 데 얼마나 중요한지를 강조하였다. 그 문해교육 담당자의 행동은 교사 지도자의 발표를 보완하고 확장하였다. 이것은 주의 깊은 상호 관계의 좋은 예로서, 문해교육 담당자는 교사 지도자의 발표 행위와 내용에 큰 관심을 가지고 주의 깊게 주시하였다. 교장의 행동도 다르지 않았다. 후반부에 가서 다시 말하겠지만, 한 지도자가 다른 지도자의 행동에 주의 깊게 반응하는 것이 반드시 다른 지도자의 생각에 동조해야 한다는 것은 아니다. 여기서 저자가 주의 깊음 혹은 유념mindfulness이라는 용어를 사용할 때 비크와 로버츠의 용례와 차이가 있다는 것을 밝혀 두고 싶다. 비크와 로버츠는 이 용어들을 사용할 때 지도자끼리 동의하거나 적어도 동조적인 태도를 갖는 것을 암시하고 있지만, 이 책에서는 단순히 타인의 행위에 주의를 기울이고 민감하게 반응한다는 의미로만 사용

---

7) 역자 주: 네모 꼴의 모양 안에서 네 명 이상의 남녀가 파트너를 계속 바꾸면서 집단으로 추는 춤의 형식.

하겠다.

지도자들 간의 상호작용이 중요하다는 것을 강조하고자, 그래픽 조직자에 관한 토론에서 어떠한 지도성 실행이 나타났는지 살펴보기로 하자. 이 예에서 지도자들은 교사들이 그래픽 조직자라는 새로운 교수법을 사용하도록 끊임없이 격려하고, 이것을 가르치는 교사들의 역량을 끌어올리고자 애쓰고 있었다. 발표자인 교사 지도자, 문해교육 담당자, 그리고 윌리엄스 교장은 서로 간의 주의 깊은 상호작용을 통해서 새로운 교수법에 대한 교사들의 동기와 역량 함양에 집중하고 있었던 것이다. 만약에 연구자들이 개개의 지도자들 행위에만 초점을 맞추고 있었다면, 그곳의 지도자들이 모두 교사들의 동기와 역량에 주의를 기울이고 있었다는 사실은 알 수 있었겠지만, 그 동기와 역량이 지도성 실행 안에서 서로 어떻게 연결되고 있었는지는 설명하기 어려웠을 것이다. 왜냐하면 이것은 지도자들의 상호작용을 통해서 성취될 수 있는 것이기 때문이다.

좀 더 나아가 이 회의에서 교사들의 역량을 키우기 위한 노력이 어떻게 이루어졌는지 살펴보자. 구체적으로, 지도자들이 만들어 가고자 노력한 '지식'은 무엇이었는지 분석해 보기로 하겠다. 윌리엄스 교장과 문해교육 담당자는 셜먼(Shulman, 1986, 1987)[8]이 사용

---

8) 역자 주: 셜먼(L. S. Shulman)은 미국의 교육심리학자로서, 스탠포드 대학교에서 교사교육 분야를 가르쳤다. 그는 미국교육학회(AERA)의 회장도 역임했을 정도로 1980년대에 그의 영향력은 매우 컸다. 또한 한국 교육학이론에도 그의 이름은 많이 언급되고 있다. 그는 교사가 갖추고 있어야 할 지식을 일곱가지로 나누어 설명했다.

한 용어인 교육과정 지식curricular knowledge, 즉 표준화된 시험에 관련된 지식과 학생 평가에 관한 지식에 초점을 맞추고 있었다. 교육과정 지식이라는 것은 학습자의 연령, 학년 혹은 능력에 맞춘 특정한 교과와 주제를 가르칠 수 있도록 개발된 프로그램에 관한 지식이다. 즉, 특정한 환경에서 특정한 교육과정이나 프로그램 자료를 사용하는 데 지표가 될 수 있는 것으로, 사용 가능한 수업 자료 혹은 수업의 특성에 관련된 지식이라고 할 수 있다.

AAHC와 문해교육 담당자는 부분적으로 교수방법 지식pedagogical knowledge에 초점을 맞추었는데, AAHC의 발표는 외부자 지식outsider knowledge—연구나 외부 전문가에게서 얻어지는 지식—이었던 반면, 그래픽 조직자에 대해서 발표한 교사 지도자는 교수방법 지식 가운데서도 내부자 지식insider knowledge—교실수업에서 직접 가르쳐 본 것을 토대로 나온 지식—을 전달하고 있었다(Cochran-Smith &

① content knowledge 내용 지식, ② general pedagogical knowledge 일반적인 교수방법 지식, ③ curriculum knowledge 교육과정 지식(무엇이 각 학년 발단 단계에 적합한지 아는 지식), ④ pedagogical content knowledge 내용 교수법 지식, ⑤ knowledge of learners and their characteristics 학습자에 관한 지식, ⑥ knowledge of educational contexts 교육환경에 관한 지식, ⑦ knowledge of educational ends, purposes, and values 교육 목표, 목적, 가치에 관한 지식이다. 이 가운데 설면은 특히 ④번, pedagogical content knowledge(PCK, 내용 교수법 지식)에 관해서 강조하였다. 이는 내용 지식과 교수법에 관한 지식에 합해져서, 특정 주제와 문제와 이슈를 어떻게 조직하고, 표현하고, 적용해야 할지—학생들의 다양한 능력과 관심을 고려하여 어떻게 수업을 이끌어 가야 할지—에 관한 지식을 뜻한다. 이 내용은 D. F. Labare (2004)의 『교육대학의 문제점(The Trouble with Ed schools)』(p.164, 국내 미발간) 참조하였다.

Lytle, 1993). 그러나 이러한 방식으로 문해교육위원회 회의에 대한 지도성 실행을 분석할 때의 문제점은 설먼이 언급한 다른 종류의 지식들이 서로 어떻게 연결되어 있는지 파악하기가 어렵다는 것이다. 그러나 지도자들 간의 상호작용에 주목해 보면, 교육과정 지식이 교수방법 지식에 대한 논의를 기반으로 삼고 있으며, 네 명의 지도자가 서로에게 주의를 기울이면서 교육과정 지식을 함께 만들어 가고 있다는 것을 알 수 있다. 이들은 서로 보완하고 보조하고 의미를 더 명확하게 하는 데 도움을 주고 있다. 따라서 지도성 실행이라는 것이 교장, 문해교육 담당자, AAHC, 교사 지도자 이 네 명의 지도자에게 걸쳐 있는 것이지, 이들이 따로따로 행동하는 것에 있지 않다.

지도자들이 관여하는 정례업무에 따라 분산의 유형이 달라지지만, 저자와 동료들이 분산적 지도성 관련 연구들을 통해서 발견한 것은 모든 학교에서 협동적 분산이 관찰되었다는 것이다. 특히, 교사교육이나 교육과정위원회와 같은 정례업무에서는 협동적 분산이 더 많이 관찰되었고, 모니터링 혹은 교사평가 수업과 같은 활동에서는 비교적 덜 발견되었다.

(2) 집단적 분산

집단적 분산에서의 지도성 실행은 지도자가 개별적으로 일하지만 상호 의존적으로 정례업무를 이끌어 가는 것을 뜻한다. 지도자들이 이끌어 가는 모든 정례업무가 기본적으로 공동 실행이라고 볼 수 있겠지만, 이 책에서 집단적 분산은 두 명 이상의 지도자가 동일한 정례업무를 수행하되, 같은 시간과 장소가 아니라는 상황에만 한정하고 싶다. 상호 의존성이란 것이 반드시 같은 시간, 같은 장소에 있어야 하는 것은 아니다.

집단적 분산은 분산적 지도성 연구 대상의 모든 학교에서 관찰되었지만, 모든 정례업무에 나타난 것은 아니었다. 수업 모니터링과 평가, 교사교육, 수업에서의 우선순위를 세우기 위한 회의 등과 같은 활동에서 주로 집단적 분산이 나타났다.

1장에서 소개되었던 엘리스 학교Ellis School는 집단적 분산의 사례를 보여 준다. 교장과 교감은 교사평가가 이 학교의 수업의 질을 끌어올리는 데 매우 중요한 것임에 동의하고, 교사평가라는 활동에 대해서 따로, 그러나 상호 의존적으로 서로의 행위에 주의를 기울이면서 공동 수행을 하고 있었다.

교장은 일 년에 두 번 교실을 방문하는 교육구의 규제가 교사의 실력을 평가하는 데 적합하지 않다고 생각하였다. 나아가 교장은 이러한 지침에 따라 행해지는 평가 수업은 '보여 주기 위한 쇼'와 같다고 여겼다. 교사들은 일 년에 단 두 번 보여 주기 위한 수업을 준비하면 그만이었던 것이다. 그 결과, 일 년에 한두 번 교장이 관찰하는 것으로는 매일매일 실제로 벌어지는 수업이 어떠한지 알 수 없었다. 이러한 난점을 개선하고자, 교장과 교감은 교사평가를 교사교육의 영역으로 적극 끌어들여서, 엘리스 학교에서 수업평가에 대한 지도성 실행을 근본부터 변화시켰다.

교감은 교사들에게 친근하고 비공식적인 라포를 형성하며 다가갔고, 정기적으로 교실을 방문하였다. 하루에 두세 번 교실을 돌면서 수업 시간에 들어가 앉아서 지켜보았고, 교사들에게 피드백을 주었다. 다음은 교감의 설명이다.

저는 말하자면 형성평가formative evaluation를 맡았다고나 할까요. 저는 교사들을 관찰할 때, 미리 관찰할 것이라고 말해 두었습니다. 그러면 교사들은 이런 점을 위주로 봐 달라고 말하기도 하고, 저런 점들이 약하니까 도움을 달라고도 말하고요. 수업 이후에 교사와 저는 만나서 이야기를 나누죠……. 그래서 매일 모든 교실을 한 번씩은 다 방문하려고 합니다. 할 수 있는 만큼 저를 교사들에게 보여 주는 것이죠. 비공식적으로 무슨 일이 일어나는지 자주 보는 것을 통해서 많은 것을 얻을 수 있어요……. 그래서 이것이 수업의 질을 향상시키는 데 도움이 되었다고 믿어요.

교감이 설명하고자 하는 것이 형성평가라는 용어로 잘 표현될 수 있을 것 같다. 한편, 교장은 총괄평가summative evaluation를 맡았다고 볼 수 있다. 일년에 두 번 수업 현장을 방문하면서 교사들의 수업을 평가하였다. 엘리스 학교의 교사들은 교장을 '의사'로 비유하였다. 교장이 회의에 들어가면, 모두 조용해지면서 교장에게 집중하였다.

이러한 교장의 총괄평가와 교감의 형성평가 활동을 각각 독립적인 것으로 보면 엘리스 학교에서 일어나는 교사평가에 대한 지도성 실행을 자칫 왜곡하거나 잘못 이해할 수 있다. 즉, 엘리스 학교에서 수업을 평가하는 것은 총괄평가를 수행하는 교장의 행위와 형성평가를 수행하는 교감의 행위 간의 상호작용으로 이해해야 한다는 것이다. 교감과 교장은 각각의 수업 방문을 통해 얻은 지식과 통찰력을 공식적 혹은 비공식적 만남을 통하여, 그에 대한 의견을 모으고 있었고, 그들의 지식을 조합하여 교사 개개인에 대한 이해를 도모하고 있었다. 또한 이 학교의 교사교육을 어떠한 방향으로 이끌어 갈지에 대한 이해도 형성하고 있었다. 교감은 이를 "형성평가적 방법과 총괄평가적 방법을 통해서, 교장과 저는 우리의 모든 교사들을 파악할 수 있었던 것이죠."라고 설명하였다.

각각 독립적으로 일을 하지만, 엘리스 학교의 두 지도자는 교사평가라는 정례업무를 공동 수행하고 있었다. 이 두 사람의 행위가 교사평가를 위한 실행이라는 더 큰 맥락 안에 어떻게 맞추어지는지를 보라. 이 두 사람은 상호 의존적으로 행하면서 상대방의 행위에 주의를 기울이며 궁극적으로 두 사람의 집단적 실행을 이루어 나가고 있었다. 이러한 방식으로 교사평가라는 실행은 독립적이지만 상호 의존적인 행위에 걸쳐 있었다. 따라서 교장과 교감이 교사평가의 업무에 있어서도 직접적인 상호작용 없이 각각 필요한 시간만큼 늘려 가면서 수행했지만, 여전히 두 사람의 평가활동은 긴밀히 연결되어 있었다. 왜냐하면 한 명이 계획을 세우고 지도성을 발휘하는 것이 다른 한 사람의 지도성 실행에 직접적으로 연결되어 있기 때문이다. 엘리스 학교의 교사평가는 독립적이지만 상호 의존적인 실행으로 교사평가라는 정례업무를 공동 수행했다는 면에서, 앞의 탐슨의 용어를 빌리자면 자원활용의 상호 의존성의 유형이라고 말할 수 있다.

(3) 조정적 분산

조정적 분산에서 지도성 실행은 개별적으로 행해지면서 시간에 따라 지도성에 관련된 일이 순차적으로 이루어진다. 다양한 상호 의존적인 활동이 순차적으로 완성되는 것은 많은 정례업무를 공동으로 이끌어 가는 데 주요한 점이다.

아담스 학교의 5주단위평가라는 정례업무는 지도성 실행이 시간에 따라서 어떻게 걸쳐 있는지 보여 주는 예가 된다. 5주단위평가에서는 다음과 같은 7단계의 순서로 일이 진행되었다.

- 문해교육 담당자는 읽기 · 쓰기 능력을 평가할 수 있는 학생평가 도구를 개발한다.
- 교사는 학생들에게 위 도구를 이용하여 평가를 실시한다.
- 문해교육 담당자와 보조자는 학생들의 평가결과를 점수 매기고 분석한다.
- 교장과 문해교육 담당자는 만나서 결과에 대하여 논의하고, 학급 관찰을 통해서 얻어 낸 정보를 이용해서 시험결과를 해석하고, 학교의 문해교육에 대한 문제가 무엇인지 진단한다.

- 문해교육 담당자는 문해교육에 관련된 많은 자료를 모으고, 학급 관찰과 시험결과 분석을 통해서 밝혀진 문제들을 교사들이 현장에서 다룰 수 있도록 전략을 정리해 둔다.
- 또 한 명의 교사 지도자와 AAHC는 문해교육 담당자를 도와, 문해교육위원회 회의에서 교사들에게 평가결과를 발표한다.
- 교장, 문해교육 담당자, 그리고 교사들은 평가의 결과에 대해 해석하고, 파악된 문제들을 논의하고 의견을 교환함으로써 수업 전략에 대한 합의에 이른다.

5주단위평가라는 정례업무는 여러 가지 상호 의존적인 활동이 순차적으로 조합된 것으로 볼 수 있다. 이는 지도성 실행이 시간의 흐름에 따라서 어떻게 이어지고 조정되고 있는지에 대해 보여 주고 있다. 이러한 활동들은 이전 활동에서 나온 자원에 의존하여 다음 활동을 준비한다. 다양한 상호 의존적인 과업들이 시간을 따라 배치되는 것이 이러한 지도성 활동의 수행에서 주요한 특징이다.

2) 함께 이끌 것인가, 다른 방향으로 이끌 것인가

지금까지 지도자들이 정례업무를 함께 이끌어 가는 것을 살펴보았다. 여기서 지도자들은 공동의 목표를 위하여 같은 방향으로 향하고 있었다. 그러나 지도자들이 각각 다른 방향 혹은 반대방향으로 나아가는 것도 가능할까?[6] 지도자들은 서로 다른 목표, 심지어 충돌

될 수 있는 목표를 추구하면서도 지도성 실행을 병행하거나 공동으로 일할 수 있다. 아마 독자들도 어떤 지도자는 수업의 향상을 위한 비전을 추구하는 반면, 다른 지도자는 또 다른 혹은 충돌되는 비전을 가질 수 있는 상황이 가능하다는 것을 알 것이다. 또한 지도자들이 정례업무를 같은 시간, 같은 장소에서 공동 수행하면서 다른 목적—예를 들어, 다른 비전—을 추구할 수도 있다. 때로는 갈등이 사람들에게 알려지기도 하지만, 대부분은 소식에 정통한 내부자들 내에서만 머무르기도 한다.

코스튼 학교Kosten School의 상황을 생각해 보자. 신임 교장과 교감이 새로운 정례업무—수업 모니터링과 교사 수업계획안 검토—를 시작하였을 때, 어떤 교사들은 거부하면서 이러한 노력을 지지부진하게 만들어 보려는 일에 참여하기도 했다. 몇몇 독자들은 이러한 상황을 분산적 지도성과 반대되고 무너뜨리는 것으로 이해할 수도 있겠다. 그러나 저자는 여기에 동의하지 않는다. 분산적 관점은 아담스 학교든 코스튼의 학교든 동일하게 적용된다(아담스 학교에서 공식적인 지도자들과 비공식적인 지도자들 모두 학교의 비전과 수업 향상에 대한 뜻은 거의 일치했었다.). 다시 말해서, 지도자들이 같은 목표를 향하든 서로 다른 목표를 향하든, 여전히 지도성은 분산적이다.

협동적 분산과 비교해 볼 때, 집단적 분산 혹은 조정적 분산은 다른 목표를 추구하면서 공동 수행을 할 수 있다. 엘리스 학교에서 교사평가를 행할 때 교장과 교감이 수업에 대한 서로 다른 평가기준이 있었다고 한다면, 지금과는 매우 다른 지도성 실행이 되었을 것이다. 장소와 시간의 측면에서 개별적으로 일하게 되는 상황에서는 다른 목표를 갖고 수행할 가능성이 더 크다. 그러나 코스튼 학교의 예에서 알 수 있듯이, 협동적 분산일지라도 지도자들은 서로 다른 방향으로 나아갈 수 있다.

다른 목표들을 추구하면서, 코스튼 학교의 개혁을 추구하는 교장·교감 진영과 현 상태를 유지하려는 교사대표 진영은 여전히 몇몇의 지도성 활동—예를 들어, 교사 회의—을 함께 수행하고 있었다. 가끔 공개적으로 충돌되는 모습을 보이기는 했다. 만약 공식적인 지도자들에게만 초점을 맞춘다면, 아마도 교장과 교감만이 지도성을 발휘하고 있고, 예전 상태를 고수하려는 두 명의 교사대표는 지도성을 발휘하지 않는 것처럼 볼 수도 있다. 그러나 공식적 지도자들과 정해져 있는 것에만 유별나게 초점을 맞추는 것은 살아 있는 조직을 이해하는 데 문제를 가지고 온다. 코스튼 학교의 교사들은 지도성을 교장과 교감이 개혁을 추구하는 것뿐만 아니라, 비공식적인 교사대표 두 명의 현 상태 유지를 위한 노력도 지도성으로 인식했다. 어떤 측면에서 A진영(교장과 교감)과 B진영(현 상태 유지를 추구하는 두 교사)의 각각 분산된 지도성을 볼 수도 있겠지만, 지도자들은 공동 수행을 하기 위해서 반드시 대면해야 할 필요는 없다. 따라서 다른 측면에서 보자면, 코스튼 학교의 지도성이라는 것은 두 진영 모두에 분포되어 있었다고 말하는 것이 더 타당해 보인다.

코스튼 학교에서 두 진영의 지도자들이 서로 다른 방향으로 치달았지만, 그 목적이 어떠하였든지 간에, 상대방의 행동에 깊은 주의를 기울이고 있었다. 이 사람들이 같은 목표를 공유하지 않았음에도 (실제로는 반대의 목표였다.), 양쪽 모두 서로의 행동에 깊은 주의를 기울인 경험은 동일하다. 그 두 교사대표는 현재 상태를 유지하는 것이 교장과 교감의 뜻을 꺾어 보는 것이라고 생각했다. 다른 지도자들의 실행에 주의를 깊게 기울이는 것이 반드시 상대방을 지지하는 것은 아니다. 앞서 주장한 것과 같이, 협동적 분산과 같은 상황에서는 상대적 상호 의존성이 일어날 수 있는데, 지도자들이 서로 반대 입장에 서서 상대방을 방해하거나 공격할 수도 있는 것이다. 코스튼 학교의 교사 지도자들은 교장과 교감이 추구하는 목표와 충돌했는데, 이들은 상대방 지도자들과 겨루었더라도 이 모습도 여전히 공동 수행이긴 하다. 이러한 방식으로 지도성 실행은 서로 다른 방향, 심지어 충돌되는 목적을 가진 지도자들 사이에도 걸쳐 있었다. 지도자들이 충돌할지라도 지도성 실행이 지도자 사이에 분포되어 있다는 것을 이해하는 것은 중요하다.

지도자들이 반드시 모든 일에 동의하거나 사이가 좋아야 수업 향상을 위한 비전이라든지, 과학교사의 수학적 지식 개발과 같은 활동에서 함께 지도성을 발휘할 수 있는 것은 아니다. 목표가 다를지라도 지도성 실행은 지도자들 사이에 걸쳐 있다. 지도자들이 같은 장소, 같은 시간에 함께 있지 않더라도 이들을 하나의 집합적인 형태로 지도성 활동을 함께 수행할 수 있다. 분산적 관점에서 보자면, 지도자들 간의 상호작용 안에서 지도성 실행이 어떻게 형성되는지 아는 것이 중요하다. 반면, 지도자들 간의 목표가 유사한지 다른지, 혹은 충돌되는지를 아는 것은 지도성 분석에서 한 단면일 뿐이다.

3) 구성원

지금까지 저자의 분산적 지도성 연구에서는 학교 지도자를 주로 다룬 반면, 구성원에 대해서는 비교적 소홀했다. 지금까지 저자가 참여한 연구들은 학교 지도자들이 지도적 정례업무를 어떻게 공동 수행하는지에 대한 개념화에 중점을 두었고, 최근에 와서야 구성원의 역할을 분석하기 시작했는데, 여기에서는 간단하게나마 구성원에 대한 저자의 생각을 밝히고, 구성원이 지도자들과 상호작용하면서 어떻게 지도성 실행을 정의하는지 살펴보기로 하겠다.

어떤 학자들은 사회적 영향력이 항상 쌍방향이므로 지도자와 그를 따르는 구성원을 구분하는 것은 문제가 있다고 주장한다. 그러나 지도자와 구성원 사이를 구분하지 않으면, 구성원이 지도성 실행에서 어떠한 역할을 하는지 밝혀내는 것이 더 어려워 보이기 때문에 구분할 필요는 있다.

분산적 지도성에 대해 연구하면서 수집한 데이터를 토대로 보았을 때 교사, 전문가, 그리고 행정가들은 특정한 상황에 따라 다른 구성원에게 공식적이든 아니든, 지도자의 역할을 부여하고 있었다. 따라서 학교라는 상황에서 지도자와 구성원 간의 구분이 문제 있거나 어렵다고 여겨지지 않는다.

구성원을 살펴보는 것은 지도성 실행에 관한 연구에서 중요한 점이다. 아담스 학교의 문해교육위원회를 살펴보면, 교사들은 적극적으로 참여하였고, 다른 네 명의 지도자들과 빈번히 상호작용하면서 의견과 예를 제시하였다. 학생들이 세 종류의 연결을 잘 할 수 있게 하는 전략을 검토할 때, 한 교사는 AAHC가 발표한 것에 대하여 교사가 학생들에게 가르치고 있는 연결 전략이 무엇인지 분명하게 밝혀 주는 것이 좋겠다고 말했고, 이에 대해서 윌러엄스 교장은 방금 그 교사가 말한 것이 중요하다고 인정하였다. 동시에 성급하게 전략을 먼저 제시하기보다 먼저 예를 들어 보여 주고modeling, 선생님과 함께해 보고guided practice, 학생들이 수행하기 힘든 부분에 디딤돌을 놓아 주고scaffolding, 적용해 보는application 과정의 중요성도 다시금 확인시켰다. 교장의 이러한 제안은 앞서 말한 교사가 무슨 언급을 했는지 알아야 이해할 수 있는 것이다. 교장이 이러한 말을 마치자, 또 다른 교사가 방금 교장이 말한 일련의 과정이 어떻게 교실에서 실행될 수 있는지 예를 들어서 설명하였다. 이렇게 지도자들과 구성원들은 서로를 보완하고 또한 서로의 반응을 주의 깊게 살펴보고 있었고, 지도자들은 공동으로 구성원들과 상호작용하고, 또한 이러는 가운데 구성원들도 지도성 실행이 형성되는 데 기여하게 된다.

　5년에 걸친 아담스 학교의 문해교육위원회는 지도자와 구성원 간의 상호작용에 일정한 패턴이 있었다. 도입부의 사례가 대표적인 예로, 교장, 문해교육 담당자, AAHC, 또 한 명의 교사 지도자라는 네 명의 지도자들이 어떻게 상호 관계를 맺고 있는지, 또한 다른 교사들과 함께 상호작용하는지 보여 주고 있다. 이 사람들은 서로에게 맞추어 반응을 주고받으면서, 이러한 상호 관계 속에서 지도성 실행이 형성되고 있었다.

4) 교과목에 따른 상호작용의 차이

지도자들 간의 상호작용과 지도자와 구성원 간의 상호작용은 과목에 따라 본질적으로 다르다(Spillane, 2005). 아담스 학교에서의 문해교육위원회를 회상해 보자. 이 지도적 정례업무에는 행정가, 전문가, 교사 지도자와 교사들 간에 생생한 대화가 오갔다. 이것이 학교에서 일반적으로 이루어지고 있는 문해교육에 대한 지도적 정례업무의 특징이다. 지도자들의 행동이 가끔 비슷하지만 차이점도 있다. 어떤 지도자는 교사의 교수방법 지식을 개발하는 데 주로 초점을 맞추는 반면, 다른 교사들은 동료 교사들을 동기화하고 교육과정 지식을 개발시키는 데 초점을 맞춘다. 종합해 볼 때, 지도자들의 상호작용은 교사들로 하여금 특별한 내용을 가르치도록 동기부여하고, 문해교육에 대한 기대를 설정하고, 수업 자료를 확인하고, 교사의 교육과정과 교수방법에 관한 지식을 개발한다. 학급을 맡고 있는 담임교사들도 문해교육위원회에 끊임없이 공헌하고 있다. 그들은 언어과목language art에 대해 자신의 수업경험을 예로 들어 제언하고, 수업을 위한 특정한 접근법이나 아이디어를 논의하며, 지도자들은 교사들의 제안 중에서 선택하기도 한다. 구성원-지도자 상호작용은 교수방법에 관한 지식과 수업 자료에 초점을 맞추게 된다.

그러나 수학에 대한 지도적 정례업무에서는 지도자들 간의, 혹은 지도자와 구성원 간의 상호작용이 문해교육 관련 정례업무에서 보이는 상호작용과 매우 다르다는 것을 알 수 있다. 유치원 연령부터 3학년까지의 17명의 교사들을 위한 수학 전문성 개발을 위한 회의를 생각해 보자. 이 회의는 아담스 학교 내에 있는 네 명의 수학 교사 지도자 중 두 명인 1학년 교사와 3학년 교사가 주도하였다. 이 특별한 회의(아담스 학교에서는 전형적인 회의)에 행정가는 없었다. 처음에 참여한 모든 교사는 수업 시간에 사용할 수 있는 수학활동과 관련된 폴더를 하나씩 받았다. 두 교사 지도자는 검토한 몇 개의 책에서 이 자료를 수집했고, 참석한 교사들을 위해서 간단히 설명하였다. 수학교사 지도자 중 한 명이 자신이 읽은 책으로부터 끄집어낸 몇 가지 교수 전략과 질문 가운데 교사들이 수학수업 시간에 사용할 수 있는 것을 설명하였다. 교사 지도자는 다른 교사들에게 그 책을 활용해 보라고 권유하면서, "여러분이 실행에 옮길 수 있는 것을 제공하고 있습니다." "연습문제는 없어요. 아이들이 쓰고 설명하면서 문제를 풀게 만드니까요."라고 말하였다. 두 번째 수학 교사 지도자는 학생들로 하여금 직접 쓰고 설명하게 하는 것이 'ISAT의 개방형 문항'을 준비하는 데 특별히 중요하다는 것을 지적하였다. 그리고 나서 교사들의 주목을 끌기 위해 다른 두 권의 책을 가져왔다. 하나는 교사들이 수학시간에 사용할 수 있는 여러 가지 게임이 포함되어 있었고, 다른 것은 수학과 문해교육을 연결시키는 데 초점을 맞춘 것이었다. 그 교사 지도자는 교사들을 위한 수많은 다른 책을 알리기 위해 계속하였다. 나중에 첫 번째 수학교사 지도자는 도형을 학생들에게 가르치기 위한 몇 가지 활동을 설명했고, 학생들이 'ISAT를 준비할 때' 도형을 알 필요가 있다는 것을 지적하였다. 두 번째 수학교사 지도자는 이 특별한 활동이 2000년도 미국 수학교사협의회National Council of Teachers of Mathematics: NCTM가 선정한 기준과 일치한다는 것을 지적하였다. 교사들은 때때로 좀 더 분명하게 하거나 구체적인 정보를 얻기 위해 중간 중간에 질문하였다. "이 프로그램은 몇 학년을 위한 거죠?" "이 프로그램에 특수교육대상 아동을 위한 특별한 구성이 있는지 궁금한데요?" 두 교사 지도자가 그 회의를 이끄는 모습은 별반 다르지 않았다. 둘 다 자료를 알려 주고, 교수방법 지식을 제시하고, 교사들에게 특별한 교육적 전략을 사용하도록 동기부여하기 위해 ISAT와 NCTM 기준을 사용하였다.

수학과목과 관련된 지도성 실행은 최소한 네 가지 면에서 문해교육에 관련된 지도성 실행과 대조된다.

- 문해교육 관련 지도성 실행에서는 지도자들이 비슷할 뿐 아니라 다른 역할도 수행하는 반면, 수학관련 지도성 실행에서 지도자들은 평행적인 역할을 하는 경향이 있다.
- 구성원들은 문해교육 관련 지도성 실행과 비교하여 수학 관련 지도성 실행에서 말을 적게 해 왔다.
- 구성원들이 수학과목과 관련된 지도성 활동에서 대부분의 구성원들이 말하는 내용은 지도자들이 발표하는 것에 대해서 자신

들이 이해하고 동의하고 있다는 것이었으며, 자신이 제대로 이해했는지 질문해 보는 것이었다.

- 수학 관련 지도성 활동에서 지식과 아이디어는 거의 전적으로 교사 지도자들로부터 나오는데, 이들은 주로 책과 프로그램과 같은 외부적인 전문자료external sources of expertise에 주로 의존하였다.

과목에 따라 학교 지도성 실행에는 차이를 보인다. 이러한 과목에 따른 차이는 분명한 사회적 규범을 반영한다. 사회적 규범은 학교와 대학, 주나 연방 정책, 교과서 출판, 그리고 시험문제 출제 회사 등과 같은 보다 넓은 제도적 환경 내의 다른 과목 분야에서 발달되어 온 것이다.

비록 언어과목과 수학에서 지도성 실행을 다른 방식으로 따르더라도, 구성원은 그 중심에 있다. 지도자 간의 상호작용이 지도성 실행을 형성하는 동안, 지도자는 구성원과의 상호작용에서도 지도성 실행을 형성한다. 구성원이 지도자와 어떻게 상호작용하는가에 따라서 지도성 실행의 성격이 정해지는 데 영향을 미친다.

4. 상황 차원

대부분의 사람들은 지도성 실행을 포함한 모든 종류의 실행에서 상황이 중요하다는 것을 인정한다. 상황은 실행을 더 어렵게 하거나 덜 어렵게 할 수 있다. 드라이버를 두고 주방 칼로 전기 플러그를 수리하는 것은 일을 더 느리게 만들고 종종 일을 망치게 된다. 그러나 상황 측면은 이미 계획된 어떤 일을 신속하고 똑똑하게 실행할 수 있게 해 주는 것 그 이상의 의미가 있다.

　도구tools, 정례업무, 구조structures, 그리고 상황의 여러 측면은 종종 세상 안에서, 그리고 세상에 대해서 사람들의 상호작용을 중재한다. 상황 측면은 상호작용을 조정하고, 이러한 상호작용 속에서 실행은 구체화된다. 이런 방식으로, 상황은 지도자들과 구성원이 상호작용을 하면서 지도성 실행의 성격을 결정짓는다. 지도성 실행에서 나타난 상황 측면은 단순히 사람들로 하여금 계획된 행위를 더 효율적이거나 덜 효율적으로 실행하도록 외부에서 영향을 미치는 것만이 아니다. 대신, 상황은 지도자와 구성원과의 상호작용에서 지도성 실행에 대한 형식을 제공한다. 도구와 정례업무와 상황의 여러 측면은 다른 것들을 경시하거나 무시하는 반면, 상호작용의 몇몇 요소들은 가장 중요한 곳에 둔다. 따라서 지도자와 구성원은 상황에 따라서 무엇에 대해 얼마나 주의를 기울여야 하는지heedful를 결정하게 된다. 한 예로서, 두 가지 다른 종류의 교사평가 지침서를 생각해 보자. 교사평가 지침서는 많은 학교에서 지도자들이 사용하는 도구다. 지침서 A는 대기시간과 칭찬사용과 같은 교수행위나 절차의 점검표를 포함한다. 지침서 B에 있는 점검표는 수학적 과제의 인지 복잡성과 학생들이 자신의 수학적 아이디어를 어떻게 정당화하는지와 같은 학문적 연구에 초점을 맞추고 있다. 지도자와 구성원 사이의 상호작용에서 지침서 A는 B와 다른 교수활동 측면을 중요한 것으로 제시한다. 이런 식으로, 다른 교사평가 도구도 지도성 실행을 다르게 정의하는 데 기여할 수 있다. 따라서 마치 지도자들이 갖춘 지식과 기술이 지도성 실행에 변화를 가져올 수 있다고 기대하는 것처럼, 새로운 혹은 재개발된 도구도 실행에 변화를 가져올 수 있는 것이다. 상황은 또한 지도자와 구성원 간의 상호작용의 산물이다. 그러므로 상황은 지도성 실행을 중재하기도 하며, 실행의 결과물이기도 하다.

1) 상황: 도구, 정례업무 그리고 기타 사항

분산적 관점을 갖고 연구자들이 지도성 실행을 볼 때, 상황의 어떤 측면이 지도성 실행을 가능하게enable 하는지 혹은 제약constrain하는지를 파악하는 것이 쉽지 않지만, 그러한 측면들이 어떻게 실행을 형성해 가는지 아는 것도 더 어려운 듯하다.

여기서는 상황이 어떻게 분류되는가를 고려한 후에, 분산적 지도성 연구로부터 두 가지 사례를 제시하겠다. 이 사례들은 상황의 단 두 가지 측면—도구와 정례업무—에만 초점을 맞추고 있다. 이 외에 상황의 다른 측면—구조, 문화, 언어 등—을 고려하는 것도 유익하겠지만, 그러한 것들은 다른 책들에서 다루고 있다. 여타의 상황 측면에서 보였던 역동적인 면모들은 이 책에서 다룰 도구와 정례업무에서도 찾아볼 수 있다.

행정가들과 교사들은 자신들의 도구와 정례업무를 전적으로 만들어 내기도 한다. 학교 지도자들은 학교의 특정한 필요성을 채울 수 있도록 학교 자체 내에서 자신들의 도구나 정례업무를 계획하는데, 아담스 학교의 조찬회의breakfast club가 그 좋은 예다(Halverson, 2002). 그러나 도구와 정례업무는 학교가 아닌 다른 곳에서 만들어질 수도 있다. 예를 들어, 학교발전계획서 수립과정the school improvement planning process과 같이, 교육구, 주정부 혹은 연방정부, 또는 다른 외부에서 만들어져 학교 지도자들이 수용하기도 한다. 또한 학교 지도자들은 새로운 학교나 부서의 책임을 맡게 될 때 이전 행정절차로부터 도구와 정례업무를 인계받는다. 이러한 도구와 정례업무는 종종 새로 부임한 지도자가 오기 전부터 존재했고, 수십 년 동안 학교 내 업무수행에서 중요한 요소가 되어 왔다. 결국, 지도자와 구성원은 어떤 상황에서 사용되었던 도구와 정례업무를 다른 상황에 이용할 수도 있고, 새로운 목적을 위해서 변용할 수도 있다.

2) 글쓰기 노트 검사: 정례업무와 도구의 사례

캐시 넬슨Cathy Nelson 교장은 시카고 남부에 위치한 힐사이드 학교Hillside School의 20년차 베테랑 교장이다. 수업을 참관monitoring하는 것은 넬슨 교장에게 '가장 중요한 일'이 되어 왔고, 한두 교실을 관찰하는 것은 매일의 일상 가운데 전형적인 모습이다. 또한 넬슨 교장은 수업을 모니터링하고 글쓰기 교육의 향상을 이끌기 위해 '글쓰기 노트 검사the writing folder review'라는 정례업무를 실시하고 있다.[7]

넬슨 교장이 활기 넘치게 일하는 모습을 보면 아무도 퇴임을 앞둔 나이라고 생각하지 못할 것이다. 멕시코계 미국인 학생이 대다수를 차지하는 힐사이드 학교에서 학생들의 학업성취를 높이기 위한 기회를 만드는 데 전심전력을 다하고 있었다. 넬슨 교장은 정확히 글을 쓰고 의사소통하는 능력이 멕시코계 미국인 학생들의 성공에서 결정적이라고 확신하였다. 지난 몇십 년 동안, 넬슨 교장은 글쓰기 교육 개선에 특별히 초점을 맞춤으로써 이러한 능력을 길러 주고자 노력하였다. 넬슨 교장은 글쓰기 노트 검사라는 정례업무와 도구로 지도성을 발휘하였다.

한편, 글쓰기 노트 검사는 지도성 실행의 결과로 볼 수 있다. 넬슨 교장은 힐사이드 학교의 문어적 혹은 격식을 갖춘 글쓰기 교육이 정규적으로 또 체계적으로 제공되지 못해서 학생들의 글쓰기 능력이 부족하다는 점을 해결하고자 이러한 일을 시작한 것이다. 글쓰기 교육에 변화를 시도하기 위해 글쓰기 노트를 사용하면서, 넬슨 교장과 힐사이드 학교의 교사들은 새로운 지도성 실행을 만들었고, 글쓰기 노트라는 단순한 수업 도구가 지도성을 발휘하는 도구로 거듭나게 되었다.

10월부터 4월까지, 힐사이드 교사들은 모든 학생의 글쓰기를 담은 월 단위 폴더를 제출하는 데 동의하였다. 넬슨 교장은 이에 대하여, "저는 매월 모든 학급이 제출한 것에 일일이 피드백을 달아 줍니다. 각 학급에서 더 연습해야 할 영역에 대해서 구체적인 코멘트를 주려고 하지요."라고 말하였다.

넬슨 교장은 각 학생의 글 가운데 대표로 올라온 샘플을 읽어보고, 교사와 학생에게 모두 글로 피드백을 제공하였다. 넬슨 교장은 교사들이 갖추어야 할 기술을 확인하고, 학생들의 글쓰기에 대해 교사들이 점수를 매기는 것에 대해 논평하면서 글쓰기 교육에 대한 특별한 지침을 제공하였다. 학생들에 대한 코멘트에서 넬슨 교장은 잘한 점은 칭찬하고, 부족한 부분은 무엇인지 지적하였다.

글쓰기 노트 검사라는 정례업무를 통해서 넬슨 교장은 매달 힐사이드 학교의 글쓰기 수업 시간에 어떤 일이 일어나는가를 모니터할 수 있었다. 넬슨 교장은 "단지 노트를 읽어 보고 교사들에게 피드백을 제공하는 것만으로도 교실에서 일어나는 많은 일에 대해 알 수 있었죠. 누구에게 어떤 부분의 개선이 필요한지를 파악할 수 있었습니다."라고 말하였다. 넬슨 교장은 각 교실에서 일어나는 글쓰기 교수학습에 대해 학생과 교사 모두에게 글로 피드백을 제공하면서, 글쓰기 교육에서 어떤 부분은 더 배워야 하고 어떤 부분은 잘하고 있는 것인지에 대해서 파악할 수 있었다. 이를 통해 글쓰기 수업에서 교사와 학생 모두에게 동기를 부여하게 되었다.

글쓰기 노트 검사라는 정례업무는 이제 힐사이드 학교에서 제도화되었다. 학교 지도자들과 교사들 모두 이 정례업무를 진지하게 받아들이고 있다. 교사들은 글쓰기 노트를 제출하고, 넬슨 교장은 그것을 읽어 보고 교사와 학생에게 피드백을 제공한다. 그리고 교사와 학생은 그 피드백을 읽고 교장이 지적한 문제점을 해결하려 노력한다. 넬슨 교장은 "글쓰기 노트 검사라는 정례업무는 교사들로 하여금 쓰기를 단순히 과제로서만이 아니라 하나의 과목으로 가르치게 하였고, 쓰기를 따로 동떨어진 것이 아닌 통합된 것으로 사용하도록 격려하였습니다."라고 말하였다. 힐사이드 학교 교사들은 글쓰기 노트 검사가 그들의 교수활동에 영향을 미쳤다고 보고했다. 맨디 크로포트Mandy Crawford는 이 정례업무가 자신의 글쓰기교육에 대한 접근을 어떻게 변화시켰는지에 대해서 설명하기를 "나는 나의 하루일과를 바꾸어 거의 하루에 한 시간씩 쓰기에 할애하고……. 넬슨 교장선생님으로부터 피드백을 받아 왔습니다. 우리 반은 매월 글쓰기를 제출해 왔지요……. 그런데……. 올해 들어서 저의 접근방식에 변화를 주었어요. 바로 학생들에게 생각하고, 쓰고, 검토할 시간을 더 주는 것이었습니다. 그러니까 이렇게, 저렇게 하라는 글쓰기에 관한 지침들을 다시금 살펴보는 것이죠.[8]

글쓰기 노트는 이 학교의 지도성에 관련된 정례업무와 도구 가운데 주요한 위치를 차지했고, 지도성 실행은 넬슨 교장, 교사, 학생, 그리고 이 글쓰기 노트 검사의 상호작용 가운데 형성되어 있었다. 글쓰기 노트는 여러 가지 면에서 지도성 실행을 형성하였는데, 첫째, 교장, 학생, 교사 간의 상호작용은 학생들이 글쓰기에 대해 실제로 배운 것과 혹은 배우지 않은 것, 그리고 교사들이 가르쳤다고 주장하는 것을 기반으로 한 것이 아니라 실제 가르쳤던 것에 기반을 두고 있었다. 다시 말해, 글쓰기 노트를 통해서 지도자와 구성원은 실제로 학생들이 작성한 글쓰기를 토대로 서로 간의 상호작용에 깊은 주의를 기울였다. 둘째, 글쓰기 노트 검사는 이들의 상호작용에 일정한 틀, 즉 교장이 학생과 교사에게 동시에 피드백을 제공하는 형식을 갖게 해 주었다. 이로써 교사와 학생 모두에게 글쓰기 수업을 위한 향상을 위해서 동기를 부여하고 격려하는 것이 가능하였다. 이는 학생을 무시하고 교사에게만 초점을 맞추는 종래의 것과는 사뭇 다른 형태였다. 학생은 글쓰기에 대한 동기부여와 그들 스스로의 의지 덕분에 교실에서 일어나는 수업의 기반에 변화를 가져왔다.

힐사이드 학교의 지도자들은 글쓰기 수업에 개선을 가져오기 위하여 다른 도구를 사용할 수도 있었을 것이다. 넬슨 교장과 교사들은 교재에 나온 글쓰기 지도 시리즈를 살펴볼 수도 있었고, 교사들의 수업안에 대해서 토의할 수도 있었다. 혹은 교사들에게 자가 점검표 같은 것을 돌려서 스스로 평가하고, 각 수업 시간 동안에 연습한 글쓰기 기술을 기록하게 할 수도 있었을 것이다. 만약 이렇게 다른 도구들을 사용했다면, 지도성 실행과 그 상호작용은 지금과 달라졌을 것이다. 예를 들어, 교사의 수업계획에 대한 월간 검사와 같은 정례업무는 교사가 어떤 내용을 가르치고 있는지에 대한 상호작용에 훨씬 더 초점을 맞추었을 것이다. 지금처럼 학생들과 직접적으로 연결되거나 학생들이 실제로 배운 것에 초점을 맞추지는 못했을 것이다. 어떤 도구를 선택하고 개발하는가의 문제는 지도성에서 매우 중요하다. 이처럼 도구에 따라서 어떤 지도성 실행이 가능하게 되기도 하고 제약되기도 한다. 글쓰기 노트와 같은 도구를 통해서 수집

되는 데이터는 수업안이나 다른 도구를 통한 데이터와는 다르고 독특한 성격을 갖는다. 이를 통해서 사람들은 자신의 상호작용에 더 주의를 기울이게 된다.

글쓰기 교육을 통해서 얻어진 결과물—학생들의 글쓰기—에 초점을 맞추면, 글쓰기 교수 전략에 대한 넬슨 교장과 교사들 간의 상호작용을 파악하기 어렵다. 이러한 정례업무는 교장과 교사, 학생의 일대일 상호작용에만 초점이 맞추어져 교사들 내에서의 상호작용을 활성화하기에 어려움이 있다. 글쓰기 노트 검사라는 것은 어떻게 상황이 지도성 실행을 정의하며, 또한 어떻게 그 실행의 결과물이 되는지를 보여 준다. 글쓰기 노트 검사의 사례를 통해서 한 사람의 지도자가 지도성을 발휘하는 데 어떻게 대대적 변혁을 가져올 수 있는지, 또한 분산적 분석틀이 이러한 경우의 지도성 실행도 이해하는 데 얼마나 유용한지를 알 수 있다.

3) 학생 시험 자료: 지도성 도구의 사례

표준화된 학업성취 시험standardized student achievement tests은 많은 학교에서 사용하는 도구다. 교사들은 종종 표준화된 학업성취 시험이 교수활동을 한정하고 제약하며 심지어 왜곡까지 한다고 불평한다. 반대로 많은 학교와 관련기관 지도자들은 시험 때문에 교사들이 모든 학생들의 학업에 관심을 갖게 되었다고 주장하면서 지지하기도 한다. 시험이라는 도구는 실상 교실에서 일어나는 활동과 지도성 실행을 좌지우지할 수 있다. 한편 지도성 실행에 따라서 시험이라는 도구가 강제적 성격을 갖기도 하고, 변질되고, 또는 의도한 것과 다르게 사용될 수도 있다. 즉, 시험은 지도성 실행에 영향을 미칠 수도 있고, 지도성 실행에 따라 변질될 수도 있다는 것이다.

표준화된 시험으로 산출된 학업성취도 자료the student achievement data 또한 하나의 도구다. 저자의 분산적 지도성 연구에 참여한 학교 중에서, 성취도 자료는 많은 학교에서 사용된 도구였다. 어떤 교육 구에서는 아이오와 주의 기초능력시험Iowa Test of Basic Skills: ITBS[10]을 도입해서 2~3개의 학년[11]만 시험을 치르게 하였다. 여기서 얻은 학생들의 학력 점수를 학교의 책무성과 발전에 대한 일차적인 척도로 사용하였다. ITBS를 통해 측정된 결과에 대한 책임을 학교에 물어서, 점수가 낮을 경우는 학교를 폐쇄할지 지속할지 지켜보는 근신 기간probation을 두기도 하였다. 예를 들어, 1996년에 교육구는 109개의 초등학교(20%)를 두었다. 15% 미만의 학생만이 ITBS의 읽기와 수학 영역에서 국가 평균 이상의 성적을 받았기 때문이었다

---

10) 역자 주: http://www.education.uiowa.edu/itp/itbs/을 참조하라.

11) 역자 주: 원문에는 "Student performance on the ITBS at *benchmark grades* became the district's primary measure of school accountability and progress" (이탤릭체 역자삽입)라고 표기되어 있다. Benchmark grades라는 것은 표준화된 시험을 치를 때, 모든 학년의 학생을 시험 보게 하지 않고, 2, 4학년 혹은 1, 3, 5학년 식으로 몇 개 학년만 비교집단으로 선정하여 시험을 보게 한다. 비용 측면에서 이렇게 몇몇 학년만 치르게 하기도 하지만, 시험의 목적이 학생 개개인의 학력을 검사하기보다는 학교 전체의 교수활동에 대한 평가에 있기 때문이다.

(Hess, 2000). 게다가 1996~1997학년도가 시작되면서 ITBS의 일정 수준에 이르지 못한 학생은 여름학기를 등록하게 하였다. 만약 여름학기 말에도 이 학생들의 성적이 여전히 일정 수준에 이르지 못한다면, 다음 학년으로 올라갈 수 없다. 그러므로 시카고 안에 있는 학교의 학교 지도자, 교사, 그리고 학생들은 시험결과에 관심을 가지게 되었다. 즉, 교육구 차원에서 성적이 일정 수준에 이르지 못한 학생들을 끌어올리는 것이 아니라 학교에게 근신 기간을 주는 것으로 바뀌면서, 학교 지도자들이 시험이라는 도구를 어떻게 보아야 하고 다루어야 하는지에 대한 실행도 바뀌게 된 것이다.

도구로서 학업성취도 자료는 전문성개발연수회, 교직원 회의, 문해교육 및 수학교육 위원회, 그리고 학교개선 계획을 포함한 여러 지도적 정례업무에서 매우 중요한 용도로 사용되었다. 시험점수 자료는 학생들이 수학과 문해 능력으로 무엇을 할 수 있고 없는가에 대한 지도자와 구성원의 상호작용에 초점을 맞춤으로써 이러한 정례업무의 실행을 형성하였다. 시험점수 자료는 내용 부분, 많은 경우에는 시험준비에 대한 상호작용에도 초점을 맞춤으로써 지도성 실행을 정의하였다. 예를 들어, 업튼 학교Upton School의 전문성개발 회의—수업개선을 위한 주요 지도적 정례업무—는 다지선다형 문항을 개발하고 ITBS를 준비하게 하면서 학생들의 언어 및 수학 능력에 초점을 맞추었다. 대체로, 학교 지도자들은 학생들이 잘하거나 못하는 영역을 확인하면서 학업성취도 자료를 해석하였다. 학교 지도자들은 그렇게 확인한 부분을 다음 학년도의 우선순위 해결과제로 교직원들에게 제시하였다. 이러한 방식으로, 그 도구는 지도자와 구성원 사이의 상호작용을 형성하였다.

모든 학교에서 도구가 상호작용의 형태를 결정지으면서, 동시에 몇몇 학교에서는 지도성 실행이 도구에 영향을 주기도 하였다. 즉, 학업성취 시험의 결과자료라는 도구가 학교에 따라서 그 성격과 쓰임이 달라질 수 있는 것이다.

백스터 초등학교Baxter Elementary School에서는 지도자들과 교사들이 'ITBS에 기초한 학업성취도 자료'를 수학 및 언어 능력에의 수업 향상을 이끌기 위한 통합된 도구로 이해하고 있었다. 백스터 초등학교에서는 다른 학교처럼 학생 시험점수와 교육구의 정책 때문에 초조해 할 이유가 없었다. 최근 5년 동안에 국가에서 제시한 과목별 기준을 모두 충족시켰고, 학력의 우수함에 대한 국가인증을 받았다. 백스터 초등학교는 시카고 시내에서 가장 좋은 학교로 알려져 있었다. 그럼에도 백스터 초등학교의 공식적·비공식적 지도자들은 시험점수 자료의 세부항목들을 참조하여 학교가 계속 발전하고 있는지에 대한 지표로 삼았고, 수업 향상을 돕기 위한 수단으로 사용하였다. 랜스 스턴Lance Stern은 자타가 공인하는 '데이터 수집가'로서, 백스터 초등학교 학생들의 ITBS 성취도에 대해 정기적으로 장기간 분석하였다. 분석 시 학년과 언어, 인종, 남녀 등 각 주요 집단이 시간의 흐름에 따라 어떻게 변화되는지에 따른 경향을 밝혔다. 랜스 스턴은 이러한 경향을 그래프로 표현했으며, 지도자들과 교사들이 이 그래프를 보면서 문제점의 해결책을 찾을 뿐 아니라, 그 문제의 본질에 대해 토론하며 분석틀을 짜는 데도 이 그래프들을 사용하였다. 스턴과 그의 지도성 연구 팀은 이러한 과정에 교사들을 참여시키기 위해 표준화된 시험자료의 장점을 재구성하는 데 많은 노력을 기울였다.

교육구가 전달하는 데이터만 사용했다면, 지금의 스턴 교장이 학교의 사정에 맞추어 시험 데이터를 사용하는 것과는 다른 상호작용이 일어났을 것이다. 결국, 다른 시카고 학교와 비교하여 백스터 초등학교는 이런 데이터 활용 면에서 더 잘하고 있었고, 수업 프로그램에 아무런 문제가 없었다. 스턴 교장은 장기적 분석에 관하여 다음과 같이 설명하였다. "분석은 …… 학생들이 이룬 실제적인 성장의 관점에서 보자면, 백스터 초등학교가 바닥이거나 거의 바닥에 가깝다는 것을 명확하게 보여 주었습니다. 성장이 어디에서 시작되었는지는 잊으십시오! 바닥은 잊으십시오! 우리의 목표가 무엇이었는지 잊으십시오! 1991~1995년 사이에 백스터 초등학교의 6학년 학력향상에 대략 몇 달이 걸렸는지 아십니까?" 이에 따라 백스터 초등학교에서 학생평가 자료—교육구에서 받은 도구—는 지도성 실행 안에서와 지도성 실행을 통해서 변형되었는데, 지도성 실행은 학생평가 자료를 새롭게 구성하고 수정하였다. 이러한 변형된 도구들은 지도자들 간의 상호작용과 지도자와 구성원 간의 상호작용의 틀을 새롭게 만들었고, 상호작용은 지도성 연구 팀 회의와 학년 회의 같은 지도적 정례업무의 수행에서 변화를 가져왔다. 간단히 말하자면, 이러한 도구들은 단순히 성공을 인정하는 것에 대한 상호작용보다는 백스터 초등학교의 수업 프로그램에 관련된 문제를 짚어 내고 해결하는 것에 관한 상호작용에 초점을 맞추었다. 이렇게 하여 학생평가 자료는 하나의 도구로서 백스터 초등학교의 지도성 실행이 빚어낸 결과물이면서, 동시에 지도자들과 구성원들의 상호작용을 좌우하는 요소가 되었다.

한편, 백스터 초등학교에서는 학업성취도 자료에 관한 또 하나의 사례가 있다. 지난 십여 년간, 스턴 교장과 지도성 팀은 정례업무와 위원회 및 학교 구조를 정교하게 조직하여, 지도적 정례업무에 공식적 지도자들과 함께 교사들을 참여시키고자 하였다. 이 조직은 교직원 지도성 집단, 격월 학년 회의, 문해교육위원회, 수학교육위원회, 과학교육위원회 등의 하부위원회 등을 포함하고 있었다. 이러한 정례업무와 위원회 조직에서 교사들이 의사결정에 참여하도록 기대되는 문화를 형성하고, 수업적인 문제를 파악하고, 해결책을 마련하는 기반이 형성되었다.

백스터 초등학교에서 학업성취도 자료는 단순히 시험점수를 올리기 위한 청사진으로서만 다루어지지 않았다. 학업성취도 자료는 교직원들이 문제를 확인하고 해결책을 구성하는 데 도움을 주기 위한 정보의 원천이다. 학교의 지도성 실제에서 교사들은 경향을 알기 위해 학생성취도 자료를 사용하고, 밝혀낸 문제에 대한 해결책을 개발하기 위한 다른 정보들과 통합하기도 하였다. 학업성취도 자료에 대한 논의는 학년 회의부터 지도성 연구 팀 회의에 이르기까지 지도적 정례업무에서 정규적인 요소가 되어 왔다. 다음은 어느 교직원

회의에서 한 관찰자가 기록한 내용이다.

> 강당에 들어갔을 때 한 동료가 강당 무대의 중앙에 차곡히 쌓인 자료 파일을 보라고 눈짓을 하였다. 그것은 회의를 위한 자료였다……. 자료들은 학생성과에 대한 자세한 정보를 갖고 있는 것이었다. 그러나 스턴 교장선생님이 준비한 차트(나중에 알게 된 것이지만, 교장선생님이 이끄는 회의에서 중요한 몫을 하는 것이었다.)는 읽기 쉽게 되어 있었고, 숫자와 표를 어려워하는 우리 교사 중 일부를 위해 라벨도 붙어 있었다. 다양한 종류의 자료는 여러 가지 종류의 표로 정리되어 있었고, 각각의 표는 고유의 색깔을 가지고 있었다. 첫 번째 차트는 이미 스크린에 떠 있었는데 스턴 교장이 발표를 위해 설치해 둔 것임을 알 수 있었다.

백스터 초등학교에서 시험자료 도구는 단순히 학교가 잘하고 있다는 자긍심을 주기 위한 것이 아니라, 지도자와 교사 사이의 상호작용의 틀을 확정해 주는 정례업무 및 구조들과 밀접하게 연결되어 있기 때문에, 이 학교의 교장과 교사들은 수업에서 문제점이 무엇이고 그것을 해결할 수 있는 방법이 무엇인지에 대한 근본적인 문제를 파악할 수 있었다.

학업성취도 자료는 어떤 지도성 실행을 할 것인가를 결정지을 수 있는 요소다. 몇몇 학교에서는 지도성 실행에 따라서 이 도구가 새롭게 정의되기도 했고, 이러한 변화의 결과를 토대로 다시 지도성 실행이 영향을 받아 새로운 모습으로 변화되기도 하였다.

5. 결 론

분산적 관점으로 지도성을 본다는 것은 지도성 실행leadership practice을 중심에 둔다는 것이다. 지도성 역할, 기능, 구조 모두 중요하겠지만 지도성 실행이 가장 중요하다. 지도성이 무엇인지 알고 싶다면, 바로 '지도성 실행'이 무엇인지 파악해야 한다. 마치 성배holy grail처럼 그것을 파악하는 것은 쉽지 않지만 분명 지도성을 이해하는 최고의 길이다. 분산적 관점은 지도성 실행을 들여다보는 데 특정한 렌즈를 제공한다. 분산적 관점은 지도성 실행과 개인 지도자들의 행동을 동일시하지 않는다. 학교 지도자들의 행위는 중요하지만 여전히 지도성 실행을 정의하는 데 기여하는 요소 중 하나일 뿐이다. 지도자 범위확대 측면을 넘어서야 하는 것이다.

낱낱의 행위를 모아둔 것과 상호작용은 다른 것이다. 상호작용은 분산적 관점으로 지도성 실행을 푸는 열쇠라고 할 수 있다. 지도성 실행은 지도자, 구성원 그리고 상황의 상호작용 속에서 형성되기 때문이다. 상호작용을 보는 이 접근은 지도자 범위확대와 반대된다. 지도자 범위확대 측면에서는 지도자가 누구인지 밝히고 이들의 행위를 구체화하는 데 있다. 분산적 관점에서 단순히 지도자들의 행위를 나열하는 것은 그 자체로 충분치 않을 것이다. 왜냐하면 전체는 부분의 합 그 이상이기 때문이다. 그러므로 분산적 관점에서 지도성 실행을 시작해야 하고, 그것을 관찰하고 지도자들이 누구인가를 추론하며, 지도자와 구성원과 상황 가운데 일어나는 상호작용을 탐색해야 한다.

분산적 관점에서 지도자들은 서로 다르거나 심지어 반대되는 결과를 추구하더라도, 같은 지도적 정례업무를 이끌어 가면서 상호작용할 수 있다. 지도적 정례업무에 함께 참여하는 것이 반드시 비슷한 목적을 위해 일한다는 의미는 아니다. 지도성 실행에 대한 분산적 관점에서 상황은 매우 중요하다. 도구와 정례업무는 지도자들이 다른 지도자 및 구성원들과 상호작용하는 매개체다. 정례업무와 도구를 살펴보면 이러한 상호작용의 반복적인 패턴을 파악할 수 있다. 그러나 실제 실행을 통해서 정례업무나 도구의 사용은 수정되고 변경된다. 결과적으로, 정례업무와 도구를 어떻게 사용하는지에 대한 생각은 변경될 수 있다. 처음에 어떤 특정 목적을 위해 계획되었던 도구가 사용되면서 새로운 목적을 위한 것으로 변경될 수 있는 것이다.

학교 지도성 이해를 위해 분산적 분석틀의 실행 측면을 사용하는 연구는 많지 않다. 많은 연구들이 여전히 이론을 세우고, 신빙성 있는 가설을 세우고, 가설을 검증하는 데 머물러 있다. 이러한 연구들이 앞으로 풀어 나갈 문제는 다음과 같다. 첫 번째, 학교에서의 지도성 실행이 무엇인지 밝혀야 할 것이다. 또한 단순히 공식적 지위의 지도자들이 무엇을 하는지에만 의존하는 것은 적절치 않다. 왜냐하면 지도성 실행은 상황만이 아니라, 공식적·비공식적 지도자와 구성원 간의 상호작용 속에서 일어나기 때문이다. 두 번째, 일단 밝혀진 지도성 실행을 증명하기 위한 타당하고 믿을 수 있는 방법의 개발이 필요하다. 이제 연구자들과 학교 현장의 사람들이 지도자의 행위에 대해서만 초점을 맞추는 것이 아니라 지도성 실행 내의 상호작용을 보고자 한다면, 새로운 연구방법론을 찾아내야 할 것 같다.

후주

1 이에 대한 보다 자세한 분석과 아담스 학교의 다른 문해교육위원회 회의에 대해서는 제니퍼 쉬어러(Jennifer Sherer)의 박사논문, School of Education and Social Policy, Northwestern University, Evanston, IL.을 참조하라.

2 지도자들 간의 상호작용의 본성을 특징짓는 데 대한 본 연구의 초기 관심은 주로 상호 의존성에 대한 연구에 의존하였다(Spillane, Diamond, & Jita, 2000, 2003).

3 탐슨의 연구를 세우는 데, 맬론 등(Malone et al., 1999)은 세 가지 유형의 의존관계를 제안했는데, 이것은 다양한 활동에 관련된 자료에서 나온 것들이다.

　•공유 의존관계(Sharing dependencies): 모든 다양한 활동이 같은 자료를 사용할 때 일어난다.

　•맞춤 의존관계(Fit dependencies): 다양한 활동이 전체적으로 한 가지 자료를 제시할 때 일어난다.

　•유동 의존관계(Flow dependencies): 한 가지 활동이 다른 활동을 통해 사용된 자료를 제시할 때 일어난다.

4 본 연구가 heedfulness에 대해 관심을 갖도록 이끈 마이클 코엔(Michael Cohen)과 제인 듀톤(Jane Dutton)에게 감사한다.

5 그론(Gronn, 2003)은 공동 수행과 집단적 수행(collective performance)에

대한 정의를 포함하여 가볍게 다양한 유형학(typology)을 제시하였는데, 각각 협동적 분산과 집단적 분산이라고 명명한 것과 비슷하다. 그론의 유형학은 분산의 유형과 기원 둘 다에 초점을 맞추었다. 임시적 협력(spontaneous collaboration)은 빈번히 일시적이고 특별한 도전들로 동기화되는 즉흥적인 협력을 가리킨다. 직관적 이해(intuitive understanding)는 둘 이상의 사람들이 시간을 두고 함께 일하며 서로 믿고 의지하는 직업관계성(working relationship)을 가리킨다. 마지막으로, 계획과 적응을 통해 새로운 구조들은 둘 이상의 개인들이 공동 수행하는 것을 가능하게 한다.

6 분산적 지도성 연구의 초기 단계 동안 지도자들이 반대되는 방향을 향해 끌고 가는 상황에 대해 본 연구가 주목할 것을 강조한 빌 파이어스톤(Bill Firestone)에게 감사한다.

7 글쓰기 노트 정례업무와 도구의 자세한 분석에 대해서는 콜드런과 스필란 (Coldren & Spillane, 2005), 스필란, 쉬어러와 콜드런의 책(출판 중)을 참조하라.

8 힐사이드 학교의 다른 교사들도 비슷한 진술을 했다.

⇒ 3장 요약[*] ⇐

　2장에서는 함께 이끌어 가는 사람들 사이에서 지도성이 어떻게 분산되어 있는지, 누가 어떤 책임을 맡게 되며 어떤 상황에 따라서 달라지는지를 살펴보았습니다. 스필란은 이것을 지도자 범위확대 측면이라고 명명하고, 이것은 '누가 지도자이며' '무슨 일을 하는지'를 밝히는 것인데, 이것으로는 충분한 지도성 실행을 설명할 수 없다고 비판합니다. 이제 3장이 스필란이 주장하고 싶은 핵심적인 부분, 즉 '상호작용'에 관한 것입니다. 이 책의 네 개의 장이 유기적으로 연결되어 있지만, 굳이 한 장만 골라서 읽는다면 3장을 놓쳐서는 안 될 것입니다.

　스필란은 상호작용을 사람들 사이, 사람들과 상황 사이로 나누어보고 있습니다. 전자는 협동적 분산, 집단적 분산, 조정적 분산이라는 개념을 개발하여 그것에 맞추어 설명하고 있고, 후자는 '글쓰기 노트 검사'라는 정례업무와 '학업성취도 시험 데이터'라는 도구가 어떻게 상호작용의 요인으로 작용하는지 보여 주고 있습니다. 전자

---

[*] 여기의 내용은 원서에 나오는 것이 아니라, 역자들이 독자의 이해를 돕기 위해 자의적으로 작성한 것이다.

는 스필란이 개발한 세 개의 '개념'이라는 틀로 분석하지만, 후자는
특정한 개념화된 용어는 없습니다.

1. 인적 차원

상호작용 형태	구 조	성 격	실 례
협동적 분산	두 명 이상의 지도자들이 같은 시간, 같은 장소에서 같은 정례업무를 이끌어 가는 경우	농구경기에서 여러 선수들이 공을 넣기 위해 시시각각 서로 협력하는 모습	도입부에 나타난 아담스 학교의 문해교육위원회처럼 네 명의 지도자들이 공동으로 그 회의를 이끌어 간다. 네 명이 교사들에게 필요한 지식을 긴밀하게 형성해 가는 것을 볼 수 있다.

집단적 분산	두 명 이상의 지도자들이 같은 정례업무를 이끌어 가지만, 같은 장소와 시간에 일어나는 것이 아닌 경우	야구경기처럼 혼자 움직이는 것 같지만, 타자, 포수, 투수 모두의 움직임 안에 놓인 모습	1장에서 소개된 엘리스 학교의 교장과 교감의 수업모니터링이 좋은 예다. 교장과 교감은 따로따로 수업을 참관하는데, 교감은 비공식적인 모습으로 자주 교실에 들러서 교사에게 피드백을 제공하는 형성평가적 접근을 하고 있었고, 교장은 교육구에서 요구하는 지침에 따라서 학기말에 교사들의 수업 진행능력에 점수를 매기기 위한 총괄평가적 성격으로 참관하였다. 개별적 행동 같지만, 교장과 교감은 서로가 관찰한 것을 이야기하고 나누면서 수업의 향상을 도모하였다.
조정적 분산	지도자들이 정례업무를 일정한 순서에 따라서 이끌어 가는 경우	릴레이 경기처럼 바통을 이어받아서 완주하는 모습	아담스 학교의 5주단위평가가 좋은 예다. 몇 단계의 절차를 순차적으로 거쳐 이 일이 완성되는데, 처음에 문해교육 담당자가 학생평가 도구를 개발하면, 교사들이 그 도구로 학생들에게 시험을 실시하고, 문해교육 담당자는 그 결과를 분석한다. 다음으로, 교장과 문해교육 담당자는 만나서 그 결과를 토론한다. 두세 단계를 더거쳐 교사 회의에서 새로운 수업 전략을 세운다.

2. 상황 측면

저자는 상황 가운데서도 '도구'와 '정례업무'가 상호작용을 어떻게 중재하는지 설명합니다. 1장에서도 설명하고 있지만, 구조나 문화 등의 측면은 이 책에서 다루고 있지 않습니다. 그 이유에 대해서 저자가 아주 설득력 있게 설명하고 있지는 않습니다. 이 책이 다루고자 하는 범위를 벗어나는 것이라고만 한정합니다. 역자들의 생각으로는 아마도 상황이 인물들과의 상호작용을 매개하고 중재하는 역동적인 면을 보기 위해서는 도구와 정례업무가 보다 구체적이고, 분석의 단위로 유용하기 때문인 것 같습니다.

상황 측면	실 례	생 성	성격 및 특징
정례업무	힐사이드 학교의 '글쓰기 노트 검사'	학교 자체적	- '글쓰기 노트 검사'라는 정례업무는 매월 모든 학생의 작문 샘플을 교사가 걷어서 교장에게 제출하면, 교장은 직접 학생의 작문에 일일이 피드백을 달아 준다. -교장은 이것을 통해서 수업 시간에 어떤 일이 일어나는지 파악할 수 있다. 교사의 보고나 수업계획서를 갖고 판단하는 것이 아니라, '실제' 일어난 것에 대한 구체적인 결과물인 학생들의 작문을 사용한 점 때문에 교장과 교사가 서로 간의 상호작용에 더 주의를 기울인다.

정례업무	힐사이드 학교의 '글쓰기 노트 검사'	학교 자체적	−교사와 학생 모두에게 글쓰기 교육이 중요한 것으로 인식되고 동기화된다. 보통 학생을 제외하고 교사와 교장만 상호작용할 수 있음에도, 이 학교의 '글쓰기 노트 검사'는 학생에게까지 그 상호작용에 포함시켰다. −그 결과로, 학교 전반적으로 글쓰기 교육에 체계가 잡혔다. 이 정례업무는 지도성 실행의 결과이면서, 동시에 지도성 실행을 규정하는 것임을 알 수 있다.
도구	백스터 학교의 '표준화된 학업성취 시험'	외부 기관	−저자의 연구는 시카고에 있는 학교를 중심으로 이루어졌는데, 이 교육구에서는 '아이오와 주 기초능력시험'이라는 외부의 시험도구를 도입해서, 시험성적이 낮은 학교에게 페널티를 주는 정책을 실시하였다. 이 덕분에 많은 학교에서는 교사 회의에서 이 시험도구에 대해 이해하고, 수업을 이 시험에 대비할 수 있도록 하였다. −그러나 백스터 초등학교는 이미 학력이 상대적으로 높았기 때문에 페널티를 두려워하는 동기에서 이 시험도구를 사용한 것이 아니라, 교육부의 정책과 관계없이 학교의 수업 질을 분석하고 한층 더 향상시키기 위한 도구로 사용하였다. −표준화 시험이라는 도구가 모든 학교에 같은 용도로 사용되지 않는다는 것을 백스터 초등학교 사례에서 살펴보았다. 시험도구가 교장과 교사들의 상호작용과 수업 내용에 변화를 주는 요인이 될 수도 있고, 또한 현재의 지도성 실행의 상호작용이 도구의 쓰임에 변화를 주기도 한다.

*상황 측면의 상호작용을 분석할 때는 특히 '대안'을 생각해 보면 유용합니다. '이런 정례업무나 도구가 아닌 왜 저런 것을 사용했을까?' '다른 것을 사용했더라면 현재 모습은 어떨까?' 'A학교에서는 이런 것을 사용했는데, B학교는 왜 다른 것을 선택했을까?'라는 질문을 던져 보는 것입니다.

지도성 실행에 대한 분산적 관점

*A Distributed Perspective on
and in Leadership Practice*

지도성을 생각할 때는 기존과는 다른 새로운 방식이 필요하며, 분산적 관점이 하나의 답이 될 수 있다. 왜냐하면, 분산적 관점은 학교 지도성의 실제적인 문제를 다루며, 나아가 지도성 실행practice of leadership을 체계적으로 생각해 볼 수 있는 방법을 제시하기 때문이다.

그러나 분산적 지도성 이론은 지도성 실행을 이해하는 데 무엇이 중요한지 밝히고 있지만, 지도성을 더욱 효과적으로 실행하기 위해, 혹은 특정 결과를 이끌어 내기 위해 구체적으로 무엇을 해야 하는지에 대한 지침을 제공하지는 않는다. 다른 지도성 이론들처럼 분산적 지도성이 실행에 도움이 된다는 의미는 실행을 재고하고 수정하기 위한 기초가 된다는 것이다. 즉, 학교 지도자들과 그 외 다른 사람들의 실행을 해석하고, 반추해 보게 하는 분석틀을 제공하는 것이다.

이런 점에서 분산적 지도성 접근은 지도성 실행을 변혁하기 위한 강력한 도구가 될 수 있다. 하지만 분산적 지도성 접근이 어떻게 실행할 것인지에 대한 청사진을 직접적으로 보여 주지는 않는다(Argyris & Schön, 1974; Schön, 1988). 휴스와 부슈(Hughes & Busch, 1991)에 따르면, "사건과 상황을 새로운 방식으로 인식하게 하는 이론이야말로 실행에 가장 많은 영향을 미칠 수 있다."(p. 103) 따라서 분산적 지도성 이론은 실행을 어떻게 이해할 것인지에 대한 분석틀을 제공할 뿐 아니라, 결과적으로 실질적인 도움도 줄 수 있을 것이다.

1. 실행 이해하기

분산적 관점을 통해서 지도성을 이해하는 것은 중요한 문제다. 학교와 같이 복잡한 조직을 이끌기 위해 아무런 도움 없이 혼자서 일하려고 노력하는 사람들은 실패할 수밖에 없다. 혼자 영웅이 될 수 없는 것이다. 분산적 관점을 통해 본다면, 지도자는 자신의 일을 좀 더 다루기 편하게 접근할 수 있다. 시카고 서부 지역 켈리 학교Kelly School의 존슨Rita Johnson 교장은 "처음에는 내가 모든 것을 다 하려고 노력했지요. 하지만 그것은 불가능했어요. 리더는 모든 사람에게 신이 될 수는 없답니다……. 내가 모든 것을 알 수는 없지요. 그래서 저는 전문적 입장에서 조언이나 권고를 해 주는 부문에 사람들을 두었어요. 모든 교직원들이 저에게 도움이 되겠지만, 저는 교사경험이 많은 교감에게 주로 의존했습니다······. 저는 컴퓨터교사, 카운슬러, 또 다른 교사 한 명과 함께 일했습니다. 저는 전체 교직원에게 의지하지만 이런 사람들이 핵심이라고 할 수 있어요. 왜냐하면 어떤 지도부이든지 몇몇 핵심 인물들이 있는 법이니까요."라고 말하였다. 존슨 교장이 지적한 것처럼 한 사람이 모든 것을 할 수는 없는 법이다. 한 학교를 이끄는 데 너무 많은 것이 관련되어 있고, 켈리 학교와 같이 300명 이하의 소규모 학교도 마찬가지다.

모든 지도성 업무를 수행할 능력 있는 지도자를 갖지 못한 것이 이 학교의 문제점일까? 아니다. 존슨 교장이 "내가 모든 것을 알 수는 없지요."라고 말한 것처럼, 한 개인이 학교 같은 복잡한 조직을 이끄는 것에 대해 모든 것을 알 것이라고 기대하는 것은 사실 비현실적인 발상이다.

저자가 실시한 학교 지도성 직무에 대한 간략 분석을 통해서, 학교 지도자의 일이란 한 사람 혼자서 완전히 숙지하고 통달하기에는 매우 광범위하다는 것을 확인하였다. 그럼 여기서 학교 지도성 가운데 핵심적인 직무에 대해서만 살펴보기로 하자면, 그것은 바로 교수학습의 질과 환경을 개선하는 것이다. 간단한 설문조사였지만, 저자가 알게 된 것은 학교 지도자들은 교과내용 지식, 교수방법에 관한 지식, 학생에 대한 지식, 성인학습에 관한 지식을 갖추어야 한다는 것이었다. 또한 그들은 단일 교과목에 대해서뿐만 아니라 여러 교과목에 일정 수준의 능력을 갖춰야 할 필요가 있다. 그래야만 지도자들이 교사를 채용하고, 교과 교재 선택을 지휘하고, 수업을 관찰하며, 수업의 질에 대해 근거 있는 판단을 내릴 수 있다. 이 모든 것을 한 사람이 감당한다는 것은 벅찬 일이다. 두세 사람이 이런 전문 기술을 모두 갖출 것을 기대하는 것조차 어려울 것이다. 그렇다고 다수의 지도자들이 지도성을 공유하는 것으로 보는 지도자 범위확대 측면leader plus aspect[1]에 머물러서는 안 되고 그 이상을 보아야 할 것이다.

2. 실행으로 나아가기

학교 지도성이 분산적 관점을 가졌다고 해서 반드시 학교 현장에 변화를 가져오는 것은 아니다. 실행에 변화가 없다면 이러한 지도성 연구가 무슨 의미가 있을까? 사실 지도성 개선이란 매일매일의 지도성 실행에 달려 있는 것이므로, 지도성이 분산적이라는 것만 인정하고 그 실행에 변화가 없다면 지도성 개선이라는 것도 불가능한 일이다. 새로운 구조와 역할이 학교에서 지도성을 변화시킬 수 있겠지만 구조나 역할, 또는 심지어 지도자들의 전문성이 새로워지지 않는다면 매일매일의 지도성 실행 자체는 변화되지 않을 것이다. 교육계가 향후 수십 년에 걸쳐 직면하게 될 가장 큰 도전 가운데 하나는 교육의 개선을 가져오기 위해서 변화해야 할 대상이 구조나 역할, 개인

---

[1] 역자 주: 2장에서 지도자 범위확대에 대해 다루고 있다.

의 전문성 향상 등이 아니라 바로 지도성 실행이라는 점이다.

분산적 관점을 통해서 보면, 초점은 지도자에게서 지도성 실행으로 옮겨진다. 이 관점을 통해서 지도성을 이해하고자 하는 노력은 곧 지도성의 실행이 무엇인지 알고자 한다는 것과 다름없다. 지도성의 역할, 구조, 기능은 여전히 중요하지만, 지도성 실행이 가장 중요한 주제다. 분산적 관점은 지도성 실행에 대한 이전 접근과 다른 방식을 제공하는데, 바로 실행은 지도자와 구성원과 상황의 상호작용 속에서 만들어진다는 것이다. 이는 이전에 실행을 개인의 행위와 동일시하고, 개인적 지식의 쓰임(혹은 지식의 부족함에서 오는 결함)으로 보았던 과거의 이론들과는 차이가 있다.

지도성에 대한 분석틀이 학교 현장에서 일하는 사람들에게 도움이 되려면, 지도성 실행을 제대로 이해할 수 있게 해 주는가가 중요할 것이다. 지도성이 실행되는 곳, 즉 학교 현장이 분산적 지도성 이론에 대한 진가가 판명되는 곳이 될 것이다. 따라서 분산적 지도성은 지도성 실행에 대해서 반추해 볼 수 있는 진단적 도구가 될 수 있고, 또한 지도성 실행에 개선을 가져오기 위한 디자인 도구로 쓰일 수도 있을 것이다.

3. 진단 도구로서의 분산적 관점

분산적 관점은 교직원과 지도자가 자신의 지도성 실행에 대해 되돌아보고 반성해 보는 분석 도구로 사용할 수 있다. 분산적 관점이라는 분석틀을 학교 지도성을 평가하기 위한 진단 도구로 사용하면 학교를 이끌어 가는 일상적인 업무, 즉 지도성 실행을 직접적으로 다룰 수 있다. 또한 분산적 관점을 진단 도구로서 사용하면, 먼저 지도자 범위확대 측면으로 시작해서, **지도적 정례업무**leadership routines가 학교의 공식적인 구조와 실제에서 어떻게 운영되고 있는지까지 들여다볼 수 있을 것이다. 분산적 관점을 지도성 실행을 진단하는 목적으로 쓰려고 한다면, 다음과 같은 질문들이 유용하다.

- 어떠한 과업과 활동이 지도적 정례업무에 포함되어 있는가?
- 누구에게 어떠한 과업 수행의 책임이 있는가?
- 이런 과업이 수행되는 데 어떠한 도구가 사용되는가?
- 어떠한 지도성 기능과 조직의 목표를 위해서 이러한 정례업무가 만들어졌으며, 시간이 흐름에 따라서 그 기능과 목표는 변화되었는가?

이 질문들에 대한 답을 찾을 때 교수학습 활동에 관련된 것이 주된 관심이 되어야 한다. 정례업무를 단순히 단편적인 지도성 기능—예를 들면, 비전을 교사들과 공유하는 것—에 연결시키는 것만으로는 충분하지 않다. 즉, 정례업무가 학교의 교수학습 활동과 어떻게 연결되어 있는지, 또 연결되어 있는지 아닌지를 살펴보아야 한다. 이러한 연결은 직접적 또는 간접적이 될 수 있다. 예를 들어, 조찬회의

Breakfast Club와 같은 정례업무를 살펴보면, 여기서 논의되는 것이 수업과 직접적·간접적으로 연관되어 있다. 조찬회의에서 교사들은 수업에서 무엇을 어떻게 가르쳐야 할지에 대해 배울 수 있었다는 점에서 직접적으로 연결되어 있고, 동시에 이 정례업무는 전문가 공동체를 만들고 지속하기 위한 노력 속에서 교사들이 교수활동에 협력하기 위한 기회를 갖도록 설계되어 있기 때문에 간접적으로 수업과 연관되어 있다. 전문가 공동체를 형성하기 위해 설계된 정례업무—이 점에 대해서는 성공적이었다는 증거가 있다—로서 조찬회의는 또한 교사의 업무 환경이 교사들이 무언가를 배울 수 있는 환경을 조성함으로써 교수활동에 관해 간접적으로 연결되었다고 말할 수 있다.

여러 가지 지도적 정례업무는 실상 교수학습에 여러 가지 방식으로 연결되어 있다. 즉, 교사들은 단순히 지도자의 지도성이 교실로 흘러가게 하는 통로가 아니다. 예를 들어, 힐사이드 학교Hillside School의 글쓰기 노트 검사2)는 교사를 통해서 수업과 연관되어 있고, 또한 학생을 통해서도 연관되어 있다. 어떤 지도적 정례업무는 학생만을 직접적인 대상으로 삼음으로써 교수활동과 연결되기도 한다. 예를 들어, 분산적 지도성 연구Distributed Leadership Study에 참여한 학교 가

---

2) 역자 주: 3장에서 자세히 소개한 것과 같이, 힐사이드 교장은 매월 학생들의 글쓰기 노트를 직접 검사하고 피드백을 달아 주었다. 이러한 정례업무는 교사와 학생 모두에게 글쓰기에 대한 학습을 고무시켰다.

운데 두 곳에서 실시된 '진짜 남자의 글 읽기Real Men Read'라는 정례업무는 아프리카계 미국인 남성이 학생들에게 책을 정기적으로 읽어주는 활동이었다. 그 목적은 아프리카계 미국인 남학생들의 문해력을 높이자는 취지였다. 이러한 정례업무 뒤에는 학생들이 글을 읽는다는 것을 멋진 행동으로 여기도록 하여 글을 더 읽게 하고, 궁극적으로는 문해수업에 참여도가 높아질 것이라는 이론이 뒷받침하고 있다. 지도성 실행이 수업과 어떻게 연결되어 있는지 이해하는 것은 중요한 일이다. 한편, 지도성 실행과 수업 실행 간의 관계는 과목에 따라서 달라질 수 있다. 따라서 한 학교에서의 지도적 정례업무를 이해하고자 한다면, 교과목의 차이점에 대해 민감할 필요가 있다.

분산적 지도성에서 실행 측면에 주의를 기울이면 진단을 넘어서 그 이상, 예를 들어 다음과 같은 문제를 생각해 볼 수 있다.

- 어떻게 다수의 지도자들은 하나의 지도성 정례업무를 함께 실행하는가?
- 어떻게 구성원들이 이 실행을 함께 만들어 나가는가?
- 어떻게 상황의 요소들이 지도자들 사이에서, 그리고 지도자와 구성원들 사이에서 상호작용을 규정하게 하는가?

첫 번째 질문과 관련하여, 정례업무를 함께 이끌어 가는 지도자 사이의 상호작용을 이해하는 것은 분산적 지도성에서 중요한 사안이다. 먼저 생각해 볼 점은 정례업무를 이끌어 가는 데 필요한 지식과 전문성$_{expertise}$에 관한 것으로, 그러한 지식과 전문성이 어떻게 분산되어 있으며, 특히 실행을 개선하기 위한 필수적인 지식 가운데에서 빠진 것이 무엇인지 살펴보고 이를 보완해야 할 것이다.

상호작용의 정서적·동기적 측면도 반드시 살펴보아야 할 것이다. 동기에 관해서는 한 집단의 역동성이 그 조직의 구성원을 고무시키는지, 아니면 제한하는지의 여부를 살펴보아야 할 것이다. 사람들은 누구와 함께 일하는가에 따라서 그 일에 임하는 태도나 성실의 정도는 달라진다. 즉, 완수한 어떤 일의 결과를 한 개인의 특성이나 문제로 보아서는 안 된다. 자신이 누구와 일하는지에 따라서 그 결과는 영향을 받기 마련이다. 같은 사람이라도 어떤 집단 속에서 일할 때는 그 역량이 충분히 발휘되고, 다른 집단과 일할 때는 적은 결과를 가져오기도 한다는 것이다.

두 번째 질문과 관련하여, 구성원에 대해서 알아보겠다. 분산적 관점을 통해서 구성원이 정례업무에 참여할 때, 그 지도성의 실행을 어떻게 규정하는지에 대해 살펴볼 필요가 있다. 단지 구성원이 얼마나 자주 참여하는지, 그리고 이들이 참여할 때 이들의 역할이 무엇이며 그 참여의 본질이 무엇인지 그 패턴을 파악하는 것은 구성원이 지도성 실행에 얼마나 많이 기여하는지 이해하는 데 도움이 될 것이다. 또한 구성원과 지도자의 상호작용이 정례업무의 종류에 따라서 어떻게 달라지는지, 동일한 정례업무라도 다른 주제에 따라 어떻게 달라지는지 살펴보는 것도 유용한 전략일 것이다.

세 번째 질문과 관련하여, 상황에 대해서 알아보겠다. 분산적 관점을 통해서 상황의 어떠한 측면이 지도성에 관여되었는지보다 상황이 어떻게 상호작용을 규정하고 있는지를 보아야 할 것이다. 예를 들어, 정례업무를 이끌어 가는 데 필요한 도구가 지도자들 사이, 그리고 지도자와 구성원 사이의 상호작용에 어떠한 요인으로 작용했는지 보는 것이다. 그럼으로써 학교 현장에 있는 사람들은 특정한 도구가 지도자들 사이와 지도자 및 구성원 사이의 상호작용을 어떻게 규정하고 있는지 질문을 던져 볼 수 있다. 한 가지 유용한 방법은 한 도구를 사용했을 때와 그것에 대안이 되는 다른 도구를 사용했을 때 어떻게 상호작용이 달라지는지 따져 보는 것이다. 특정한 정례업무에서 쓰이는 도구를 다른 것으로 바꾸었을 때, 그리고 그 상호작용이 바뀌는지 안 바뀌는지, 바뀐다면 어떻게 바뀌는지 알아볼 수 있을 것이다. 예를 들어, 조찬회의에서는 전문가들의 연구 자료를 사용했는데, 그 대신 언어과목이나 수학시간에 학생들이 직접 작성하거나 문제를 풀이한 것을 사용했다면 그 상호작용이 어떻게 달라졌을지 생각해 봄으로써, 상황의 한 측면이 지도자와 구성원 사이의 상호작용을 어떻게 조명하는지 가려낼 수 있을 것이다.

4. 설계 도구로서의 분산적 관점

분산적 관점은 학교 지도자들이 어떤 정례업무를 설계할 때 어떻게 하면 좋을지에 관한 결정에 도움이 될 수 있다. 보통 설계 혹은 디자인이라고 하면 건축가나 발명가가 하는 일로 생각하기 쉽지만, 사실 그것은 대부분의 사람들이 어떠한 형태로든 일상의 삶에서 추구하고 있는 것이다. '설계design란, 어떤 목적을 위한 인공물을 만드는 인간의 활동'을 지칭한다(Perkins, 1986, pp. 1-2). 설계는 한순간에 만들어지는 것이 아니라, 계획하고 만들어진 결과물이 사용되고 다시 계획되는 과정을 거친다. 설계는 지속적인 과정이라고 볼 수 있으며, 마치 지도적 정례업무가 특정한 목표를 달성하기 위해서 더 적합한 모습이 되도록 끊임없이 조정되고 다듬어지는 것과 같다. 혹은 새로운 목표를 달성하기 위해 정례업무 또는 도구를 변화시키기도 한다. 우리가 정례업무나 도구를 설계할 때 처음에 만든 그대로 지속되는 것이 아니라 서서히 변화되어 가기도 하고, 눈에 띄게 의식적으로 새로운 것을 받아들이며, 특정한 목적에 맞추어 모습을 바꾸기도 한다. 실제로 학교의 지도자들은 정례업무와 도구를 새롭게 고치고 다듬어 가는 일을 거듭한다. 다 만들어진 후에 시행하는 것이 아니라, 시행해 가면서 만들어 간다. 임시 설계하고 수정하는 일은 지도성 업무의 핵심이라고 할 수 있다.

설계 도구로서 분산적 관점을 받아들이면, 학교 지도성에 대해서 새롭게 생각하게 될 것이다. 적어도 다음 세 가지가 그 중심 내용이다.

- 원칙 하나: 지도성과 관련된 다른 무엇—책임, 과정, 구조—보다 지도성 실행에 초점이 맞추어야 한다. 이것이야말로 수업개

선을 가져오는 가장 직접적인 요인이기 때문이다.

- 원칙 둘: 지도성을 개선하기 위해서 무언가 하고 싶다면, 지도성 실행 안에 개개인의 개별적 행동이 아닌 지도자와 구성원 사이의 상호작용을 보아야 한다. 상호작용을 통해서 지도성 실행이 형성되기 때문이다.
- 원칙 셋: 지도성 실행을 개선하고 싶다면, 학교조직에서 상황— 도구, 정례업무—이 어떻게 만들어지고 어떻게 수정되는지에 주목해야 한다. 상황은 단순히 배경이 아니라, 지도성 실행을 규정하는 요인이기 때문이다.

이러한 원칙들에 대해서 굳이 되풀이하여 설명할 필요가 없다고 생각한다. 앞 장들에서 이미 충분하게 설명하였다. 지도성 실행을 설계하기 위한 도구로서의 분산적 지도성은 지도성 실행을 안내하고 개선하는 데 이러한 원칙들을 제공해 준다.

구체적으로, 분산적 지도성이라는 분석틀은 진단적 도구인 동시에 설계 도구가 됨으로써, 학교에서 일하는 실무자에게 지도성이 어떻게 분산되어 있는지 되돌아볼 수 있도록 도움을 줄 수 있다. 어떤 분석 도구이든지 어떤 현상을 면밀히 관찰할 수 있는 특정한 틀을 제공해 주는데, 동일한 현상이라도 분석 도구에 따라 어떤 면은 강조되고 어떤 면은 격하되기도 한다. 이 책에서는 그 현상이 학교 지도성이며, 그 틀은 분산적 관점이다. 따라서 특정한 분석틀을 사용할 때 중요한 점은 지금 사용하고 있는 것이 무엇이며, 그 틀이 어떤

부분을 어떻게 강조하는지 아는 것이다. 만약에 '개인의 인지작용'
이라는 분석틀 혹은 렌즈를 통해서 지도성을 본다면, 분산적 관점을
통해서 보는 지도성과는 분명 다르게 보일 것이다.

5. 실행으로부터, 실행을 위한 교훈

앞에서 분산적 지도성 이론이 지도성을 개선하기 위한 방법을 제
공한다기보다 지도성 자체를 이해하기 위한 관점으로 여겨져야 한다
는 주장과, 이 장에서 분산적 관점이 지도성을 진단하고 설계하는 도
구로 쓰인다는 주장이 독자의 입장에서 모순되어 보일 수도 있겠
다.[4] 또한 분산적 관점이 가치판단을 거부하고, 사실을 있는 그대로
묘사하는 기술적인 분석틀descriptive framework을 가졌다는 말이 곧 규
범norm이 전혀 없는 상태라는 뜻은 아니다. 앞의 장들에서 주장하는
것은 자연과학 혹은 사회과학에서 쓰이는 다른 지도성 이론[5]과 비
교하여 분산적 지도성이 불가지론不可知論, agnostic에 가깝다는 것이

---

3) 역자 주: 1장의 다섯 번째 소제목인 '5. 관점으로서의 분산적 지도성'에서 언급하고
   있다. 원문에서는 "distributed leadership is descriptive before it is prescrip-
   tive……."라고 표현되어 있다.
4) 역자 주: 저자는 1장에서 지도성을 규범적(normative), 즉 '이렇게 되어야만 한다.'
   혹은 '이것이 바람직하다.' 등으로 판단하는 것을 비판하였다.
5) 역자 주: 예를 들어, 변혁적 지도성은 변혁적인 것이 더 좋은 것이라는 가치판단이
   들어가 있다.

다. 이 책에서 소개하고 있는 분산적 지도성 관점은 '효과적인 지도성 실행'을 위한 지침이나 비법이 아니라는 것이다. 그보다는 지도성에 대해서 좀 더 생산적인 방법, 즉 진단적 관점과 설계적 관점을 통해 생각해 보자는 것이다. 더욱이 이 관점을 통해서 지도성을 연구하는 연구자들에게 개념적인 분석틀을 제공하고자 한다. 지금까지의 분산적 지도성에 관련된 연구는 아직 역사가 짧은데, 이런 상태에서 학교의 모든 문제들을 치유할 수 있는 만병통치약처럼 분산적 지도성 이론이라고 이름 붙여 유포하는 것을 조심하라고 조언하고 싶다. 만약에 분산적 지도성이 그러한 능력이 있는 약과 같다면, 이는 학교 현장에서 일하는 사람들이 이 이론을 어떻게 사용하는가에 달려 있는 것이지, 단순히 이 이론 자체를 그대로 수용한다고 해서 되는 것이 아니다.

어찌하든지, 분산적 지도성 분석틀을 체계적으로 적용하면 지도성이 학교에서 어떻게 분산되어 있는지 그 패턴을 파악할 수 있게 해 줄 것이라고 생각한다. 나아가, '지도성이 어떻게 분산되어 있는지'와 학생들의 학습을 위한 수업개선과의 연관성에 대해서 인과적 추론을 이끌어 낼 수 있을 것이라고 믿는다. 분산적 지도성 연구라는 프로젝트를 통해서 얻은 데이터를 분석한 것을 기초로 볼 때 지도성 실행에 대한 실질적인 교훈 두 가지를 다음과 같이 말해 주고 싶다.

첫째, 지도성 실행을 어떻게 설계해야 되는지에 대한 전략은 한순간에 결정되는 것이 아니라, 시간이 지남에 따라서 계속 변화되고 수정되는 과정으로 여겨야 한다. 분산적 관점을 받아들인다는 것은 지도성이 학교조직에서 분산되어 있다고 여기는 것이다. 그것이 학교와 지도적 정례업무에 따라서 어떻게 분산되어 있는지는 다르겠지만 어쨌거나 분산되어 있다고 보는 것이다. 따라서 지도성 실행이 분산되어 있다는 전제를 갖고 시작하는 것이 좋은 출발이다. 문제는 지도성이 어떻게 분산되어 있는가 하는 것이다. 즉, 다른 종류의 정례업무에 따라서 어떻게 분산되어 있는지, 다양한 종류의 정례업무 가운데 누가 그것을 맡았는가에 따라서 어떻게 분산되어 있는지, 또한 상황에 관련된 요인들이 지도성 실행을 규정하는지 등을 살펴보아야 한다.

정례업무 혹은 도구를 설계하고 수정하는 것은 지도자가 해야 하는 중요한 일이다. 넬슨_{Cathy Nelson} 교장의 '글쓰기 노트 검사'라는 정례업무, 스턴_{Lance Stern} 교장의 학생학력검사결과를 보기 좋은 그래프와 차트로 만든 것, 윌리엄스_{Brenda Williams} 교장의 조찬회의 등은 실상 분산적 지도성 연구 프로젝트에서 다룬 몇몇 샘플에 지나지 않는다. 이러한 정례업무들은 학교수업의 환경과 질을 높이기 위해서 지속적으로 조정되고 적응하는 과정 가운데 있었다. 지도성이 어떻게 학교에서 분산되어 있는가를 본다는 것은 이러한 도구와 정례업무들이 어떻게 설계되고 수정되고 있는지를 살펴본다는 것과 같을 것이다.

아담스 학교_{Adams School}에서 수업개선을 위해 지도성이 분산된 것은 의도적인 노력에 따른 것이지 저절로 운이 따라서 그렇게 된 것이 아니다. 윌리엄스 교장, 문해교육 담당자, 그리고 다른 교사들이 의도적으로 일을 나누어 이끌어 가고, 지도성을 지도자들과 교사들과 함께 공유할 때도 전략적으로 했기 때문에 가능했던 것이다. 이 말을 자칫 '교장이 특정 교사들과 행정가들에게 특정 정례업무를 이끌어 가라고 임명했기 때문에 지도성이 분산되었다.'라고 오해해서는 안 된다. 그것이 아니라 그 정례업무를 설계하는 과정, 즉 어떠한 직책을 만들 것인지, 그 직책에 누구를 세울 것인지를 결정하고, 또 그 일을 맡은 행정가나 교사가 자신의 과업을 수행할 수 있도록 기본적인 구조를 만들어 나가는 과정에서 이루어진 일이다. 윌리엄스 교장은 다음과 같이 설명하였다. "나는 교사들이 학교 내에서 지도성 역할을 발전시킬 수 있는 상황을 만들었지요. 교사들은 그것을 좋아했고, 그 지도성 역할을 수행해 가면서 자신들이 하고 있는 것을 교장인 내가 지지한다는 것을 믿었어요." 이뿐 아니라, 윌리엄스 교장과 아담스 학교의 지도부 사람들은 교사들을 지도자로 키워 나갈 때 아주 전략적으로 행동하였다. 단순히 몇몇 교사에게 다른 교사를 이끌어 가는 직책을 주고, 그것이 가능하도록 조직의 구조를 만드는 것만 한 것이 아니다. 아담스 학교에서 행정가들은 교사 중에 누가 지도자로서 가능성이 있는지 면밀히 찾아보고, 그런 사람을 교사전문성 훈련의 기회에 참여하게 하고, 그러한 교사의 기술을 더 노련하게 만들어서 교사에서 지도자로 설 수 있도록 디딤돌을 마련해 주었다. 나아가 신임교사들을 고용할 때도 교실에서 수업을 잘 이끌어 갈 교사만 찾는 것이 아니라, 지도자로서의 잠재력을 가져

학교가 처한 문제를 해결할 수 있는 인물인지를 따져 보았다.

이렇게 아담스 학교에서 정례업무는 멈춘 것이 아니라, 기존의 기본적 구조를 수정하면서 계속 변화하였다. 예를 들어, 아담스 학교의 지도자들은 조찬회의라는 정례업무를 원래 세운 목적들과 새로운 목적들에 더 잘 맞게 조심히 조정해 가고 환경에 맞게 수정하였다. 새로운 정례업무나 도구를 들여온다는 것은 지도성을 설계하는데 한 부분에 지나지 않는다. 다른 부분은 그 정례업무와 도구들을 목적에 맞게 계속 수정해 가는 것이다. 정례업무는 행정가들과 교사들 누구나 인식할 수 있는 명백한 방식[6]으로 수정되기도 하고, 때로는 사회적 진화social evolution[7]라는 점차적인 과정을 통해서 변할 수도 있다.

둘째, 실제를 진단하지 않고 설계하는 것은 도움이 안 될 뿐더러 위험하기까지 하다. 설계가 중요하지만 신중한 진단 작업 역시 중요하다. 윌리엄스 교장이 아담스 학교에 교장으로 부임했을 때는 모든 것이 문제 상황이었다. 겨우 20%의 학생만이 간신히 전국 평균에 달하고 있었고, 교사들은 자기 교실 안에 고립되어 서로 교류하는 것이 전혀 없었다. 그럼에도 윌리엄스 교장은 학교 문제를 일시에 처리할 것 같은 개혁에 서두르지 않았다. 윌리엄스 교장은 "제가 2월

---

6) 역자 주: 예를 들어, 교장이나 지도자가 '이런 식으로 바꾸자.'라는 공식적인 발표나 선언으로 변화가 공식적이며 가시적인 것.
7) 역자 주: 사람들이 당시에는 큰 변화를 감지할 수 없는 점진적인 변화.

에 부임했지요. 그래서 나는 무슨 일이 일어나고 있는지 이해하기 위해 4~5개월 정도를 보냈어요."라고 말하였다. 윌리엄스 교장은 아담스 학교에서 교직원들 사이에 어떤 권력관계가 있는지뿐 아니라, 특정 학년에 어떤 수업이 이루어지는지에 대한 것까지 파악하고자 노력하였다. 윌리엄스 교장은 "내가 이 교실에서 저 교실로 옮겨 다니면서 깨달은 것은 수업 계획과 전혀 다르게 수업이 진행되고 있었다는 것입니다."라고 말하였다. 아담스 학교 지도부에서는 학교 지도성의 기본 구조를 바꾸려고 하기 전에, 먼저 이 학교에서 일들이 어떻게 이루어지고 있는지 철저히 진단하였다.

아담스 학교에서 윌리엄스 교장이 자리 잡는 과도기는 코스튼 학교Kosten School의 린 코Lin Koh 교장이 경험한 과도기와 대비된다. 린 코 교장은 학기 중에 부임하였다. 게다가 이전의 행정가들이 학교 정책과 절차에 대한 모든 공식적 기록을 다 없애 버렸기 때문에 린 코 교장이 왔을 때 학교가 어떻게 돌아가는지 파악할 수 있는 정보가 전혀 없었다. "우리는 정말로 바닥부터 시작했어요."라고 린 코 교장이 말한 대로 어려움을 많이 겪었다. "분명 학교가 겪어 온 일이 있을 텐데 이에 대한 기록이 없어서……. 우리가 아무것도 알지 못한다는 사실은 견디기 어려운 일이었습니다." 지역 학교위원회의 회장도 똑같이 되풀이하였다. "교장선생님이 학교에 왔을 때 기록도 없었고 구조도 제대로 서 있지 않았습니다. 교장선생님이 처음부터, 바닥부터 시작했어야 했지요." 린 코 교장은 이렇게 처음부터 시작하였다. 즉, 코스튼 학교에서 수업을 관리하고 개선하기 위한 기본적인 조직부터 구성하게 된 것이다. 린 코 교장은 교육구에서 지정한 기준에 교사들이 부응할 수 있도록 여러 가지 새로운 정례업무를 만들어서 참여하게 했는데, 이러한 과정은 기존 교사들이 해 오던 방식과 전혀 다른 것이었다.

예상한 것과 같이, 코스튼 학교의 교사들은 이러한 교장이 만들고 추진하는 것에 대해서 수동적으로, 때로는 능동적으로 저항하기 시작했다. 한 5학년 교사는 그때의 상황을 다음과 같이 기억하고 있었다. "제 생각에는 린 코 교장선생님과 교감선생님이 너무 서두르신 것 같았어요. 아이디어가 참 좋긴 했지만요. 교사들에게 충분히 생각해 볼 시간을 주지 않고 바로 시작하게 했던 것 같아요." 린 코 교장은 코스튼 학교에서 이전에 하던 방식에 대해서 어떻게 손을 대야 하는지에 대해 충분히 시간을 갖지 못하였다. 교사진 사이의 권력관계에서부터 교사들이 수업을 이끌어 가는 데 어떠한 식으로 지침을 지금까지 받아 왔는지를 제대로 알지 못하고 새로운 일을 시작한 것이다. 이전 행정가들이 기록을 대부분 파괴해 버리고 나갔다는 점과 교장이 학기 중간에 부임했다는 점을 고려하면 이러한 어려움은 어쩔 수 없는 것이긴 했지만, 린 코 교장은 수업을 개선하기 위한 새로운 구조를 만들기 전에 이 살아 있는 조직, 코스튼 학교에서 지금까지 어떻게 일이 되어 왔는지 충분한 시간을 갖고 살펴보았어야 하였다. 이렇게 린 코 교장은 자신의 새로운 계획을 급하게 추진한 나머지, 그 계획이 뿌리내리고 자랄 수 있는 여건들을 진단하지 않은 것이 문제였다. 린 코 교장이 학기 중간에 와서 학년말 안에 학교 운영방식을 바꾸고자 시도하는 동안, 많은 교사들은 이제 학년말이 다가오는데 지금 와서 바꾸려는 것은 너무 늦은 것이라고 생각하였다. 이러는 동안 교장에 대한 신뢰도 떨어져 갔다. 세심한 진단 없이 시행되는 계획은 자칫 지도성 실행을 바꾸려는 노력에 오히려 해가 될 수 있다.

6. 지도성 실행 개발

분산적 관점으로 보면, 지도성 개발은 지도자라는 개인을 양성하는 것에 그쳐서는 안 되고, 지도성 실행을 개발하는 것으로 나아가야 한다는 생각을 갖게 해 준다. 많은 행정가 양성 및 연수 프로그램을 살펴보면 지도자를 양성하는 것, 즉 교장의 지식과 기술에 대부분 관심을 기울이고 있다. 여기에는 한 개인이 새로운 지식과 기술을 갖추면, 이들이 조직을 새롭고 효과적인 방법으로 이끌어 갈 수 있다는 전제가 깔려 있다. 그러나 현실적으로 지도성 실행이 개선되어 왔다고 해서 반드시 지도자 개인의 지식과 기술이 개선되었기 때문이라고 할 수는 없다. 왜냐하면, 지도성 실행이라는 것과 개인 지도자들의 행동은 별개의 것이기 때문이다.

만약에 지도성 실행을 지도자와 구성원 간의 상호작용 속에서 구체화되는 것으로 본다면, 즉 지도자 개개인의 각 활동을 모아 놓은 것 이상의 그 무엇이라면, 교장 개인을 양성한다기보다 지도성 실행을 개발하는 것이 더 중요한 것임을 인정하게 될 것이다. 교장 개인 혹은 한 지도자의 행동만이 지도성 실행을 형성하는 것이 아니므로, 한 지도자의 행동만을 고려하는 것보다 상호작용을 고려한다면 지도성 개발은 더 성공적일 것으로 보인다. 지도성 양성과 개발의 대상을 개인이 아닌 지도성 실행에 둔다면, 교장 양성 프로그램은 분산적으로 지도성을 바라볼 수 있는 눈을 키워 줄 것이며, 교장은 지도성 실행에 대해서 생각하고, 지도성 관점에서 현상을 바라보도록 이끌어 줄 것을 기대할 수 있다.

  분산적 관점을 통해서 지도성 양성이나 개발을 생각하면, 이것이 단순히 교장 양성을 위한 프로그램 그 이상의 무언가를 필요로 하게 된다는 것을 알 수 있다. 개별적 지도자들의 지식을 넘어서, 지도자들이 각각 갖고 있는 전문성이 학교를 이끌기 위해 어떻게 쓰일 수 있는지에 대해서 알 수 있도록 해 준다. 그러나 실제로 전문성은 단순히 한 사람의 머리 안에 머물러 있는 것이 아니라 더 복잡한 개념이다. 즉, 사람들 개개인도 살펴보아야 하지만 그 사람들 사이의 상호작용을 집합체의 수준에서 보아야 한다. 학교를 이끌어 가는 전문성에 대한 새로운 접근이 필요한데 그것이 바로 분산적 관점이다. 즉, 전문성이라는 것이 단순히 한 개인의 사고 과정이나 정신적 스키마의 기능이 아니라는 주장이다. 기술이나 전문성을 개인의 특성이나 스타일, 스키마로만 이해한다면 지도자들이 상호작용 가운데서 어떻게 일하는지에 대해 명확하게 파악하지 못한다. 학교 지도성의 개발을 위해서 공식적 타이틀을 가진 한 지도자가 지식을 갖추는 것만 다룬다면, 그것은 최선의 방법도 아니며, 자원을 효율적으로 사용하는 방법도 아니라고 생각한다. 만약 전문성이 사회적 · 상황적으로 분산되어 있는 것이라고 이해한다면, 개인 지도자가 아닌 학교조직이 전문성 개발에 대해 사고하기 위한 가장 적절한 단위가 될 것이다.

분산적 지도성 관점을 통해 지도자 개인이 아닌 지도성 실행이 개발의 대상이 된다면, 상황 측면—정례업무, 도구, 기타 요소—에 세심한 주의를 기울이게 된다. 여기서 한 가지의 개발 전략은 지도자들에게 정례업무와 도구를 한 세트로 묶어서 제시한 후에 이것을 자신의 학교에서 사용해 보게 하는 것이다. 이는 지도자들이 이러한 도구를 사용하면서 자신이 일하는 모습을 스스로 보고, 반추해 보는 것을 중요한 목표로 한다. 그렇다고 해서 분산적 관점이 학교 지도자들에게 적절한 도구를 부여하고 끝나는 것은 아니다. 이들에게 외부에서 개발된 최신 도구와 정례업무를 사용하게 해 보는 것에서 끝나는 것이 아니라, 이러한 도구를 사용하는 것과 더불어 직접 개발해 보게 하는 것도 중요하다.

지도성 개발 프로그램이 학교 지도자들에게 분산적 관점으로 지도성 실행을 이해하는 안목을 길러 주고 지도성 실행을 설계할 수 있는 사람으로 기술을 키워 준다면, 기존 프로그램의 특징인 구체적인 상황의 맥락과 관련 없이 일반적인 업무의 유형을 지나치게 의존하는 것으로부터 진보할 수 있을 것이다. 따라서 정례업무와 도구를 어떻게 다룰 것인가를 이해시키기 위해서는, 단순히 그 수행을 위한 비책을 알려 주기보다 현장에서 어떻게 만들어지고 수정되고 있는지에 대한 구체적인 상황들을 제공해야 할 것이다.

7. 지도성 정책

교육정책을 분산적 지도성 관점에 적용시키는 종합적 토론은 이 책의 범위를 넘어선다. 그 영역이 너무 광범위하기 때문이다. 따라서 여기서는 분산적 지도성이 어떠한 방식으로 교육정책을 세우는 데 영향을 줄 수 있는지 세 가지로 나누어 그 시사점을 제시하고 싶다.

교육정책 입안자들이 분산적 관점을 통해서 지도성을 보면, 학교를 이끌어 가는 업무가 학교장에게만 달린 것이 아님을 인정하게 된다. 다시 말해서, 교감이나 지도성 책임을 지고 있는 교사들과 같이 공식적으로 임명되지 않은 다른 지도자들도 매우 중요하다는 것이다. 따라서 각 교육구의 교육정책 입안가들은 지도성 양성과 개발로부터 책무성에 이르는 현안들까지 그들의 정책들이 이런 현실을 어떻게 반영하고 뒷받침하는지를 고려할 필요가 있다. 예를 들어, 노조와의 단체협약부터 교사 보수에 이르기까지 지역 정책들이 지도성 업무에 교사 참여를 지원하는가, 아니면 방해하는가? 만약 한 교육구의 정책들이 교사들의 지도성을 발휘하는 활동을 지원하지 못한다면, 그 지역의 교사들은 다양한 방법을 통해서 지도성을 발휘하는 것에 상당한 제한을 받을 것이다.

또한 교육구에서 교장, 그리고 여타의 공식적 지위의 지도자들을 선임하는 문제를 생각해 볼 수 있다. 교육구에서는 공식적 지도자들이 가진 다양한 전문성과 기술을 고려하여 선임하는 전략들을 어느 정도 갖추고 있는가? 구체적으로 말하면, 교육구에서 전문성에 대해서 분산적 관점을 갖고 있으며, 서로 다른 기술과 지식을 가진 지도자들을 선임하여 서로 간에 부족한 부분을 채워 주면서 학교를 이끌어 갈 수 있도록 지도자들을 임명하고 있는가?

이와 관련하여 또 한 가지 정책에 대해서 생각해 볼 점은 지도성 개발에 관한 것이다. 대부분 교육구의 지도성 개발 프로그램들은 지도자 양성과 교장, 혹은 교장이 되고자 하는 사람들에게 초점을 맞추고 있다. 분산적 관점에서 보자면 이렇게 교장 혹은 개별적인 지도자들에게만 배타적으로 초점을 맞추고, 학교조직 전체를 개선해야 할 단위로 보지 못하는 것은 문제가 있다. 교장 양성이나 개발 프로그램도 중요하겠지만, 더 중요한 것은 학교의 지도자들과 간부들이 함께 협력하여 학교를 개선하기 위한 기회를 제공하는 것이다.

8. 결 론

어떤 이들은 분산적 지도성이 학교를 이끄는 데 매우 효과적인 접근법이라고 주장한다. 흥미롭게도 이런 입장에 선 많은 사람들이 분산적 관점으로 지도성에 관한 연구를 수행한 것은 거의 없다. 다른 이들은 분산적 지도성 이론이 학교를 이끌어 가는 데 청사진을 제공한다고 믿고 있는데, 이런 기대를 갖고 있으면 분산적 관점의 효과성에 대한 경험적 지식이 부족한 것에 대해서 불만을 갖게 된다. 지금까지 이 책에서 분산적 지도성이 다른 지도성보다 더 효과적 혹은 덜 효과적이라고 주장한 것이 아님을 독자들에게 명확히 전달되었기를 바란다. 이 책에서 말하고자 하는 것은 분산적 지도성이란 하나의 분석틀로서 지도성 실행에 대해 생각하고 탐구를 위한 틀을 잡아 주는 역할을 한다는 것이다. 지도성 연구들에서 이 분석틀을 적용하면, 신빙성 있는 많은 가설을 도출할 것이고, 이러한 가설이 맞는지 검증해 보는 연구가 뒤따를 것이다. 지도성의 본질이 무엇인지 파악하는 것이 교수활동과 학습에 대한 효과성을 측정하는 것보다 우선되어야 할 것이다. 더욱 중요한 것은 지도성이 분산되어 있다는 사실이 아니라 '어떻게' 분산되어 있는지에 관한 것이다.

분산적 지도성이 사람들의 이목을 끄는 것은 언제 어디에서든지 쉽게 적용시킬 수 있다는 용이함이 있기 때문일 것이다. 다양한 종류의 분산적 지도성 이론은 민주적 지도성, 참여적 지도성, 협동적 지도성 등과 관련이 있기 때문이다. 그러나 해리스(Harris, 2005)가 지적한 것처럼, 여기에 분산적 지도성 이론의 위험성이 있다. 지도성을 공유하기 위한, 지도성을 전달하기 위한, 지도성을 다른 사람들에게 위임하기 위한 행위들을 모두 분산적이라고 말할 수 있을 것이다. 그것이 피할 수 없는 사실일지라도, 지도성 실행에 관한 관점으로서 분산적 지도성이 모든 현상을 설명하려면 도리어 아무것도 제대로 설명하지 못하고 끝나게 되는 위험성이 있는 것이다.

이와 관련하여, 분산적 관점과 민주적 지도성과 협동적 지도성을 관련시키는 데 있어 논평자들은 자주 위계적이고 상명하달식의 접근과 분산적 지도성이 대조적인 것처럼 평가한다. 앞에서도 밝혔지만, 이것은 이 책에서 말하는 분산적 지도성이 아니다. 분산적 지도성은 위계적이며 상명하달식의 지도성과 대치되는 것이 아니라 동시에 공존하는 것이며, 이러한 지도성들을 연구하는 데 유용하게 쓰일 수 있다.

아마도 지도성에 관한 분산적 관점에 관해서 이 책의 가장 큰 관심은 지도성 실행, 지도성 개발, 그리고 지도성 연구에 좀 더 쉽게 다가갈 수 있게 되는 것이라고 하겠다. 영웅적 지도성의 관점은 지도성에 대한 사람들의 사고방식을 제한하고 있다는 것이다. 한편으로 이러한 영웅적 지도자에 대한 강조는 서구 사회에서 개인주의 신화가 얼마나 강한지 보여 주는 단면이다. 개인주의는 "현대사회에서 지속적으로 넓게 퍼져 있는 허구다."(Coleman, 1990, p. 300) 실제로 허구다. 그러나 대부분의 사람들은 우리가 그 허구 속에서 살아간다는 것을 깨닫지 못한다. 내 견해로는 지도성에 관해 분산적 관점을 취하면, 개인의 특성은 희석시키는 것이 아니라 지도자, 구성원, 그들의 상황의 상호작용 속에서 정의되는 지도성 실행을 인정하게 된다.

분산적 지도성 그 자체로는 효과적 지도성 실행에 대한 비책이 아니다. 그보다는 진단의 목적, 그리고 설계를 위한 목적 모두를 위한 생산적인 사고방식을 제공한다. 분산된 관점이라는 분석틀은 지금까지 해 온 것들을 되돌아보는 진단을 통해서 더욱 효과적 지도성 실행에 이르는 한 가지 방법이다. 이것은 학자들에게 지도성 연구를 위한 개념적 기초를 제공한다. 또한 분산적 관점은 우리에게 단지 공식적 지도자들만을 위한 프로그램 이상을 포괄하는 것으로서 지도성 양성과 개발을 위해 무엇을 더 해야 할지 생각해 보도록 이끌어 준다. 분산적 관점에서 지도성을 바라보는 교육정책 입안자들은 학교를 이끄는 업무는 교장의 지도성 이상을 포괄한다는 것을 인정해야 한다.

많은 이들은 학교 지도성 연구자, 실행가 그리고 개발자—학교 지도자들을 양성하는 교육행정 프로그램들에 있는 교수진을 포함해서—가 중대한 위기를 맞고 있다는 것에 동의하고 있다. 특히, 대부분 지도성에 관한 경험적 연구들의 기반이 확고하지 못한 상태이며, 많은 지도성 양성과 개발 프로그램들의 질이 높지 못하고, 현장의 업무에 영향력을 미치지 못한다고 보고되고 있다. 학교 지도자들을 양성하는 자리에 서서 이러한 문제점에 대한 도전을 받아들여야 하는 사람이라면, 새로운 분석적 혹은 진단적 도구를 갖고 학교 지도성을 신선한 방식으로 접근하는 것이 중요할 것이다. 이 책에서 전개된 분산적 관점은 그러한 접근을 위한 도구를 제공하고 있다. 즉, 지도성 실행을 무대 중앙에 놓음으로써 학교 지도성에 새롭게 접근할 수 있는 것이다. 분석을 위한 도구로서 분산적 관점을 제시하면서, 이 관점이 교육 지도성 분야의 모든 문제점을 해결할 수 있는 최고의 해결책이라고 주장하는 것은 아니다. 지금까지 이 분야에서 수많은 도구와 접근법이 나름 최고의 해결책이라고 주장되어 왔다. 이 책은 분산적 관점이 학교 지도성을 재고하고 개정할 수 있는 필수적인 도구가 될 수 있을 것이라는 소박한 목적을 가지고 있다.

◦≈ 4장 요약* ≋◦

    1~3장에서 스필란은 '분산적 지도성'은 하나의 '관점'이며, 지도성 실제에 대한 지침을 제공하는 것이 아님을 강조하지만, 4장에서는 분산적 지도성을 현실에 적용하는 문제를 다루고 있습니다. 따라서 독자들에게 4장의 주장은 어떤 면에서 보면, 앞부분과 모순되어 보일 수 있습니다. 스필란 자신도 이것을 의식했는지 4장의 다섯 번째 소제목인 '실행으로부터, 실행을 위한 교훈'에서 "또한 분산적 관점이 가치판단을 거부하고, 사실을 있는 그대로 묘사하는 기술적인 분석틀을 가졌다는 말이 곧 규범이 전혀 없는 상태라는 뜻은 아니다. 앞의 장들에서 주장하는 것은 자연과학 혹은 사회과학에서 쓰이는 다른 지도성 이론과 비교하여 분산적 지도성이 불가지론에 가깝다는 것이다."라고 말하고 있습니다. 이는 1장에서 주장한 "분산적 지도성이 기술적인(descriptive) 것이지, 처방적 혹은 규범적(prescriptive)것이 아니다."보다 한발 물러난 듯합니다. 그러나 상식적으로 생각할 때 엄격히 사회과학이론 가운데 어느 것도 완벽하

---

* 여기의 내용은 원서에 나오는 것이 아니라, 역자들이 독자의 이해를 돕기 위해 자의적으로 작성한 것이다.

게 '있는 사실만 묘사하는' 기술적인 것도 없고, 완벽하게 '개선을 위해서 이것이 더 낫다.'라고 주장하는 규범적인 것도 없을 것입니다. 다만, 이 책의 저자는 분산적 지도성이 다른 지도성 이론보다 그 스펙트럼 안에서 좀 더 기술적인 것에 상대적으로 가깝다고 주장하고 있는 것으로 해석됩니다.

하여간에 4장에서의 요점은 분산적 관점이 두 가지 측면에서 학교 현장의 지도성을 개선하는 데 쓰일 수 있다는 것입니다. 하나는 진단 도구(diagnostic tool)로서, 또 하나는 설계 도구(design tool)로서입니다. 진단 도구란 간단히 말해, 지도성 현상을 어떻게 이해할 것인지를 관한 것이며, 실상 1~3장에서 다룬 내용을 간략히 요약한 것과 같습니다. 설계 도구란 지도성 실행을 계획하고 수정하는 데 어떠한 점을 고려해야 하는가에 관한 것입니다. 4장에서 중요한 내용은 진단 도구로서 7개의 질문과 설계 도구로서 3개의 원칙들입니다. 이 질문과 원칙들은 학교 행정가가 자신의 학교조직의 지도성 실행을 진단하고 설계할 때뿐 아니라, 연구자가 분산적 관점을 바탕으로 지도성 실행을 조사할 때도 유용할 것입니다.

[진단 도구]

Part I. 지도성 실행의 진단을 위한 '무엇(what)' '누구(who)'에 관한 네 가지 질문의 요점

• 어떤 활동과 과업?
• 누구의 책임?

- 어떤 도구?
- 왜 만들어졌는가? (어떤 기능과 목표를 위해)

Part II. 지도성 실행의 진단을 위한 '어떻게(how)'에 관한 세 가지 질문의 요점

- 지도자들이 어떻게 이끌어 가는가?
- 구성원들이 어떻게 (지도자들 및 동료들과) 수행하는가?
- 상황이 어떻게 지도자와 구성원을 매개하는가?

[설계 도구]

지도성을 개선하기 위한 세 가지 원칙의 요점

- 지도성 실행에 초점: 지도성 구조, 책임, 과정보다 더 중요한 것은 지도성 실행이다.
- 상호작용에 초점: 인물을 개별적으로 보지 말고 사람들의 상호작용을 보라.
- 상황에 초점: 도구와 정례업무가 어떻게 만들어지고 수정되는지 보라.

이어서 저자는 자신의 분산적 지도성 연구 프로젝트를 통해서 지도성 실행에 관한 교훈을 두 가지로 요약하고 있습니다. 첫 번째는 지도성 실행이란 것은 한 번 만들어지고 멈추는 것이 아니라 끊임없이 수정, 변화되는 과정으로 보아야 한다는 것입니다. 둘째, 설계하

기 전에 진단이 선행되어야 한다는 것입니다.

　마지막으로, 저자는 학교 지도자 양성 프로그램이 지도자 개인보다 '지도성 실행'을 개선하는 것에 초점을 맞추어야 하며, 분산적 지도성의 눈으로 학교 정책을 본다면 어떤 점이 고려되어야 하는지 설명하고 있습니다.

Argyris, C., & Schön, D. A. (1974). *Theory in practice: Increasing professional effectiveness.* San Francisco: Jossey-Bass.

Ball, S. J. (1981). *Beachside comprehensive.* Cambridge, U.K.: Cambridge University Press.

Barnard, C. (1938). *The functions of the executive.* Cambridge, MA: Harvard University Press.

Bass, B. (1990). *Bass & Stogdill's handbook of leadership: Theory, research, and managerial applications.* New York: Free Press.

Bennett, N., Harvey, J. A., Wise, C., & Woods, P. A. (2003). *Distributed leadership: A desk study.* Retrieved from www.ncsl.org.uk/ literature reviews

Bennis, W. G. (1959). Leadership theory and administrative behavior: The problems of authority. *Administrative Science Quarterly, 4,* 259-301.

Blase, J. J., & Blase, J. R. (1998). Principals, instructional leadership and teacher development: Teachers' perspectives. *Educational Administration Quarterly, 35*(3), 349-378.

Blase, J., & Kirby, P. (1992). *Bringing out the best in teachers: What effective principals do.* Thousand Oaks, CA: Corwin Press.

Bossert, S. T., Dwyer, D., Rowan, B., & Lee, G. V. (1982). The instructional management role of the principal. *Educational Administration Quarterly, 18*(3), 34-63.

Burns, J. M. (1978). *Leadership.* New York: HarperCollins.

Cambum, E., Rowan, B., & Taylor, J. (2003). Distributed leadership in schools: The case of elementary schools adopting comprehensive school reform models. *Education Evaluation and Policy Analysis,*

25(4), 347-373.

Cochran-Smith, M., & Lytle, S. (Eds.). (1993). *Inside/outside: Teacher research and knowledge.* New York: Teachers College Press.

Cohen, D. K., & Ball, D. L. (1998). *Instruction, capacity, and improvement* (CPRE Research Report Series, RR-42). Philadelphia: Consortium for Policy Research in Education, University of Pennsylvania.

Coldren, A., & Spillane, J. (2005). *Making connections to teaching practice: Leadership for instruction in two urban schools.* Manuscript submitted for publication.

Coleman, J. (1990). *Foundations of social theory.* Cambridge, MA: Harvard University Press.

Copland, M. A. (2004). Leadership of inquiry: Building and sustaining capacity for school improvement. *Educational Evaluation and Policy Analysis, 25*(4), 37 5-396.

Crowther, F., Kaagan, S., Ferguson, M., & Hann, L. (2002). *Developing teacher leaders.* Thousand Oaks, CA: Corwin Press.

Cuban, L. (1988). *The managerial imperative and the practice of leadership in schools.* Albany: State University of New York Press.

Cyert, R. M., & March, J. G. (1963). *A behavioral theory of the firm.* Upper Saddle River, NJ: Prentice Hall.

Dahl, R. A. (1961). *Who governs? Democracy and power in an American city.* New Haven, CT: Yale University Press.

Eccles, R. G., & Nohria, N. (1992). *Beyond the hype: Rediscovering the essence of management.* Boston: Harvard Business School Press.

Feldman, M. S., & Pentland, B. T. (2003). Reconceptualizing organizational routines as a source of flexibility and change. *Administrative Science Quarterly, 48*(1), 94-118.

Fiedler, F. E. (1973). The contingency model: A reply to Ashour. *Organizational Behavior and Human Decision Processes, 9*(3), 356-368.

Firestone, W. A. (1979). Butte-Angels Camp: Conflict and transformation. In R. E. Herriott & N. Gross (Eds.), *The dynamics of planned educa-*

tional change (pp. 50-184). Berkeley, CA: McCutchan Press.

Firestone, W. A. (1989). Using reform: Conceptualizing dtstrict initiative. *Educational Evaluation and Policy Analysis, 11*(2), 151-165.

Goldring, E. B., & Rallis, S. F. (1993). *Principals of dynamic schools: Taking charge of change.* Newbury Park, CA: Corwin.

Goldstein, J. (2004). Making sense of distributed leadership: The case of peer assistance and review. *Educational Evaluation and Policy Analysis, 25*(4), 397-422.

Gronn, P. (2000). Distributed properties: A new architecture for leadership. *Educational Management & Administration, 28*(3), 317-338.

Gronn, P. (2002). Distributed leadership as a unit of analysis. *Leadership Quarterly, 13*(4), 423-451.

Gronn, P. (2003). *The new work of educational leaders: Changing leadership practice in an era of school reform.* London: Paul Chapman.

Grubb, W. N., Flessa, J., Tredway, L., & Stern, J. (2003, April). *"A job too big for one": Multiple principals and other approaches to school leadership.* Paper presented at the annual meeting of the American Educational Research Association, Chicago.

Hallinger, P., & Heck, R. H. (1996). Reassessing the principal's role in school effectiveness: A review of the empirical research. *Educational Administration Quarterly, 32*(1), 27-31.

Halverson, R. (2002). *Representing phronesis: Supporting instructional leadership practice in schools.* Unpublished doctoral dissertation, Northwestern University, Evanston, IL.

Hargreaves, A. (1991). *Restructuring restructuring: Postmodernity and the prospects for educational change.* Paper presented at the annual meeting of the American Educational Research Association, Chicago.

Hargreaves, A., & Fink, D. (2004, April). The seven principles of sustainable leadership. *Educational leadership, 61*(7), 8-13.

Harris, A. (2002). Effective leadership in schools facing challenging contexts. *School leadership and Management, 22*(1), 15-26.

Harris, A. (2005). Distributed leadership. In B. Davies (Ed.), *The essentials of school leadership* (pp.173-190). London: Paul Chapman.

Harris, A., & Lambert, L. (2003). *Building leadership capacity for school improvement.* Milton Keynes, U.K.: Open University Press.

Heck, R., & Hallinger, P. (1999). Next generation methods for the study of leadership and school improvement. In J. Murphy & K. Louis (Eds.), *Handbook of Research on Educational Administration* (pp. 141-162). San Francisco: Jossey-Bass.

Heenan, D. A., & Bennis, W. (1999). *Co-leaders: The power of great partnerships.* New York: Wiley.

Heifetz, R. A. (1994). *Leadership without easy answers.* Cambridge, MA: Belknap Press.

Heller, M. F., & Firestone, W. A. (1995). Who's in charge here? Sources of leadership for change in eight schools. *Elementary School Journal, 96*(1), 65-86.

Hess, G. A. (2000). *Changes in students' achievement in Illinois and Chicago,* 1990-2000. Washington, DC: Brookings Institution.

Hollander, E. P. (1978). *Leadership dynamics: A practical guide to effective relationships.* New York: Free Press.

Hughes, M., & Busch, T. (1991). Theory and research as catalysts for change. In W. W. Walker, R. Farquhar, & M. Hughes (Eds.), *Advancing education: School leadership in action* (pp. 86-124). London: Falmer Press.

Johnson, G. S., & Venable, B. P. (1986). A study of teacher loyalty to the principal: Rule administration and hierarchical influence of the principal. *Educational Administration Quarterly, 22*(4), 4-28.

Johnson, S. M. (1990). *Teachers at work: Achieving success in our schools.* New York: Basic Books.

Katz, D., & Kahn, R. L. (1966). *The social psychology of organizations.* New York: Wiley.

Lawrence, P. R., & Lorsch, J. W. (1986). *Organization and environment:*

Managing differentiation and integration. Boston: Harvard Business School Press.

Leithwood, K., Begley, P. T., & Cousins, J. B. (1992). *Developing expert leadership for future schools.* London: Falmer Press.

Liberman, A., Falk, B., & Alexander, L. (1994). *A culture in the making: Leadership in learner-centered schools.* New York: National Center for Restructuring Education, Schools, and Teaching, Teachers College.

Little, J. W. (1982). Norms of collegiality and experimentation: Workplace conditions of school success. *American Education Research Journal, 19,* 325-340.

Little, J. W. (1990). Conditions of professional development in secondary schools. In M. W. McLaughlin, J. E. Talbert, & N. Bascia (Eds.), *The contexts of teaching in secondary schools* (pp. 187-223). New York: Teachers College Press.

Little. J. W. (1993). Professional community in comprehensive high schools: The two worlds of academic and vocational teachers. In J. W. Little & M. W. McLaughlin (Eds.), *Teachers' work: Individuals, colleagues, and contexts* (pp.137-163). New York: Teachers College Press.

Lortie, D. C. (1975). *Schoolteacher: A sociological study.* Chicago: University of Chicago Press.

Louis, K. S., Marks, H., & Kruse, S. (1996). Teachers' professional community in restructuring schools. *American Educational Research Journal, 33*(4), 757-798.

Malone, T., & Crowston, K. (1994). The interdisciplinary study of coordination. *ACM Computing Surveys, 26,* 87-119.

Malone, T. W., Crowston, K., Lee, J., Pentland, B., Dellarocas, C., Wyner, G., Quimby, J., Osborn, C. S., Bernstein, A., Herman, G., Klein, M., & O' Donnell. E. (1999). Tools for inventing organizations: Toward a handbook of Organizational processes. *Management Science, 45,* 425-443.

March. J., & Simon, H. (1958). *Organizations*. New York: Wiley.

March. J. G., & Olsen, J. (1984). The new institutionalism: Organizational factors in political life. *American Political Science Review, 78*(3), 734-749.

Murphy, J. (1991). *Restructuring schools: Capturing and assessing the phenomena*. New York: Teachers College Press.

Norman, D. A. (1988). *The design of everyday things*. New York: Doubleday.

Perkins, D. N. (1986). *Knowledge as design*. Hillsdale, NJ: Erlbaum.

Portin, B., Schneider, P., DeArmond, M., & Gundlach, L. (2003). *Making sense of leading schools: A study of the school principalship*. Seattle: Center for Reinventing Public Education, University of Washington.

Rogoff, B., Turkanis, C. G., & Bartlett, L. (Eds.). (2001). *Learning together: Children and adults in a school community*. New York: Oxford University Press.

Rosenholtz, S. J. (1989). *Teachers' workplace: The social organization of schools*. New York: Longman.

Salomon, G., & Perkins, D. N. (1998). Individual and social aspects of learning. *Review of research in education, 23*, 1-24.

Schön, D. (1988). *Educating the reflective practitioner*. San Francisco: Jossey-Bass.

Shulman, L. S. (1986). Those who understand: Knowledge growth in teaching. *Educational Research, 15*(2), 4-14.

Shulman, L. S. (1987). Knowledge and teaching: Foundations of the new reform. *Harvard Educational Review, 57*(1), 1-22.

Siskin, L. S. (1994). *Realms of knowledge: Academic departments in secondary schools*. Washington, DC: Falmer Press.

Smylie, M. A., & Denny, J. W. (1990). Teacher leadership: Tensions and ambiguities in organizational perspectives. *Educational Administration Quarterly, 26*(3), 235-259.

Smylie, M. A., & Hart, A. W. (1999). School leadership for teacher learning and change: A human and social capital development perspective. In J. Murphy & K. S. Louis (Eds.), *Handbook of educational administration: A project of the American Educational Research Association* (pp. 421-442). San Francisco: Jossey-Bass.

Spillane, J. F. (2000). Cognition and policy implementation: District policymakers and the reform of mathematics education. *Cognition and Instruction, 18*(2), 141-179.

Spillane, J. (2005). Primary school leadership practice: How the subject matters. *School Leadership and Management, 24*(4), 383-397.

Spillane, J., Diamond. J., & Jita, L. (2000, April). *Leading classroom instruction: A preliminary exploration of the distribution of leadership practice.* Paper presented at the annual meeting of the American Educational Research Association, New Orleans.

Spillane, J. P., Diamond, J. B., & Jita, L. (2003). Leading instruction: The distribution of leadership for instruction. *Journal of Curriculum Studies, 35*(5), 533-543.

Spillane, J., Diamond, J., Sherer, J., & Coldren, A. (2004). Distributing leadership. In M. Coles & G. Southworth (Eds.), *Developing leadership: Creating the schools of tomorrow* (pp. 37-49). New York: Open University Press.

Spillane, J. P., Hallett, T., & Diamond, J. B. (2003). Forms of capital and the construction of leadership: Instructional leadership in urban elementary schools. *Sociology of Education, 76*(1), 1-17.

Spillane, J. P., Halverson, R., & Diamond, J. B. (2001). *Towards a theory of leadership practice: A distributed perspective.* (Institute for Policy Research Working Paper WP-99-3). Evanston, IL: Northwestern University.

Spillane, J., Halverson, R., & Diamond, J. (2004). Towards a theory of school leadership practice: Implications of a distributed perspective. *Journal of Curriculum Studies, 36*(1), 3-34.

Spillane, J., Sherer, J., & Coldren, A. (in press). Distributed leadership:

Leadership practice and the situation. In W. Hoy & C. Miskel (Eds.), *Educational Leadership and Reform* (pp. 149-167). New York: IAP Publishing.

Stodolsky, S. (1988). *The subject matters.* Chicago: University of Chicago Press.

Stodolsky, S. (1989). Is teaching really by the hooks? *Yearbook of the National Society for the Study of Education. 88,* 159-184.

Stodolsky, S., & Grossman, P. L. (1995). The impact of subject matter on curricular activity: An analysis of five academic subjects. *American Educational Research Journal, 32*(2), 227-249.

Thompson, J. D. (1967). *Organizations in action: Social science bases of administrative theory.* New York: McGraw-Hill.

Treslan, D. L., & Ryan, J. J. (1986). Perceptions of principals' influence bases. *Canadian Administrator, 26*(2), 1-7.

Tucker, R. C. (1981). *Politics as leadership.* Columbia: University of Missouri Press.

Weick, K. E., & Roberts, K. H. (1993). Collective mind in organizations: Heedful interrelating on flight decks. *Administrative Science Quarterly, 38*(3), 357-381.

Wertsch, J. V. (1998). *Mind as action.* New York: Oxford University Press.

Wood, P. (2004). Democratic leadership: Drawing distinctions with distributed leadership. *International Journal of Leadership in Education, 7*(1), 3-26.

Yukl, G. (1999). An evaluation of conceptual weaknesses in transformational and charismatic leadership theories. *Leadership Quarterly, 10*(2), 285-305.

찾·아·보·기

인명

Ball, S. J. 59, 75
Barnard, C. 52
Bass, B. 35
Begley, P. T. 57
Bennett, N. 67
Bennis, W. G. 38, 39, 57, 58
Blase, J. J. 96
Bossert, S. T. 54
Burns, J. M. 57
Busch, T. 164

Camburn, E. 69, 73, 78, 83
Cochran-Smith, M. 122
Cohen, D. K. 59, 154
Coldren, A. 112
Coleman, J. 188
Copland, M. A. 79
Cousins, J. B. 57
Crowston, K. 113
Crowther, F. 70
Cuban, L. 37, 47, 55
Cyert, R. M. 52

Dahl, R. A. 47, 55
DeArmond, M. 71, 77
Denny, J. W. 52
Diamond, J. B. 69, 74, 82, 94, 112, 113, 154
Dwyer, J. W. 54

Eccles, R. G. 41

Feldman, M. S. 47
Ferguson, M. 70
Fiedler, F. E. 54
Fink, D. 70, 91
Firestone, W. A. 44, 69, 74, 81, 82, 84, 88, 89
Flessa, J. 39

Goldstein, J. 112
Goudvis A. 107
Gronn, P. 39, 82, 83, 92, 112, 113, 154
Grossman, P. L. 75
Grubb, W. N. 39
Gundlach, L. 71, 77

Hallett, T. 94
Hallinger, P. 41
Hann, L. 70
Hargreaves, A. 70, 90, 91
Harris, A. 79, 90, 187
Hart, A. W. 96
Harvey, J. A. 67
Harvey, S. 107
Heck, R. H. 41
Heenan, D. A. 38, 39, 57
Heifetz, R. A. 41

저자 소개

James P. Spillane은 Northwestern University에서 인간개발, 사회정책, 학습 과학 전공 교수로 재직 중이다.

역자 소개(가나다순)

◈라연재

　고려대학교 대학원 교육학과 석사

　The University of Wisconsin-Madison the Department of
　　Educational Leadership & Policy Analysis 박사(ph.D.)

　고려대학교 아세아문제연구소 객원연구원

◈엄준용

　고려대학교 대학원 교육학과 석사

　고려대학교 대학원 교육행정 및 고등교육학 박사(ph.D.)

　(현) 한국교육개발원 대학정보공시센터 연구원

◈정우진

　고려대학교 대학원 교육학과 석사

　고려대학교 대학원 교육행정 및 고등교육학 전공 박사과정 수료

◈최상민

　고려대학교 대학원 교육학과 석사

　The University of Texas-Austin the Department of Educational
　　Administration 박사과정 수료

리더를 뛰어넘는 리더십

분산적 지도성

Distributed Leadership

2010년 6월 3일 1판 1쇄 인쇄
2010년 6월 9일 1판 1쇄 발행

지은이 • James P. Spillane
옮긴이 • 라연재 · 엄준용 · 정우진 · 최상민
펴낸이 • 김진환
펴낸곳 • (주) **학지사**
　　　　 121-837 서울시 마포구 서교동 352-29 마인드월드빌딩 5층
대표전화 • 02-330-5114　　팩스 • 02-324-2345
등록번호 • 제313-2006-000265호

홈페이지 • http://www.hakjisa.co.kr
커뮤니티 • http://cafe.naver.com/hakjisa

ISBN 978-89-6330-375-8 93370
정가 13,000원